어린이 직업 아카데미 ⑥
조종사

글 스티브 마틴
영국에서 선생님을 하다가 어린이를 위한 책을 쓰기 시작했고, 오랫동안 많은 작품 활동을 했어요.
이 시리즈는 학교에서 어린이들을 가르칠 때 직업의 세계를 새롭게 전달해 줄 방법을 고민했던 작가가
전문가들의 의견을 참고하여 만들었어요.

그림 크리스 앤드류스
영국에서 활동하는 일러스트레이터로 판화 작업을 주로 해요. 강렬한 색감과 독특한 질감으로 많은 사랑을 받고 있어요.

옮김 장재호
한국항공대학교 항공운항학과를 졸업하고 미국 플로리다에서 비행했어요.
교관 과정까지 마치고 한국에서 교관으로 근무하다가 진에어에서 운항 승무원(조종사)으로 근무했어요.
지금은 모교인 한국항공대학교에서 교수로 후배들을 가르치고 있어요.

어린이 직업 아카데미⑤ 조종사

초판 1쇄 발행 2018년 5월 21일
글 스티브 마틴 | **그림** 크리스 앤드류스 | **옮김** 장재호
펴낸이 홍석 | **전무** 김명희 | **편집부장** 이정은 | **편집** 차정민·이선아 | **디자인** 김명희 | **마케팅** 홍성우·이가은·김정혜·김정선 | **관리** 최우리
펴낸곳 도서출판 풀빛 | **등록** 1979년 3월 6일 제8-214호 | **주소** 서울특별시 서대문구 북아현로 11가길 12 3층 (북아현동, 한일빌딩)
전화 02-363-5995(영업) 02-362-8900(편집) | **팩스** 02-393-3858 | **전자우편** kids@pulbit.co.kr | **홈페이지** www.pulbit.co.kr

ISBN 979-11-6172-048-7 74080
ISBN 978-89-7474-718-3 (세트)

이 도서의 국립중앙도서관 출판예정도서목록(CIP)은 서지정보유통지원시스템홈페이지(http://seoji.nl.go.kr)와
국가자료공동목록시스템(http://www.nl.go.kr/kolisnet)에서 이용하실 수 있습니다.(CIP제어번호: CIP2017033948)

Pilot Academy by Steve Martin and Chris Andrews
First published in the UK in 2017 by Ivy Kids at Ovest House 58 West Street, Brighton BN1 2RA, United Kingdom
Copyright © 2017 Ivy Kids, an imprint of Ivy Press Limited All rights reserved.
Korean translation rights arranged with Quarto Publishing Plc, for its Imprint The Ivy Press through Amo Agency, Korea.

이 책의 한국어판 저작권은 AMO 에이전시를 통해 저작권자와 독점 계약한 도서출판 풀빛에 있습니다.
신 저작권법에 의해 한국 내에서 보호를 받는 저작물이므로 무단 전재와 무단 복제를 금합니다.

*파본이나 잘못된 책은 구입하신 곳에서 바꿔드립니다.

 제품명 아동 도서 | **제조년월** 2018년 5월 21일 | **사용연령** 8세 이상
제조자명 도서출판 풀빛 | **제조국명** 대한민국 | **전화번호** 02-363-5995
주소 서울 서대문구 북아현로 11가길 12 3층 (북아현동, 한일빌딩)
KC마크는 이 제품이 공통안전기준에 적합하였음을 의미합니다.

 주 의
종이에 베이거나 긁히지
않도록 조심하세요.
책 모서리가 날카로우니
던지거나 떨어뜨리지 마세요.

어린이 직업 아카데미 ⑥
조종사

스티브 마틴 글

크리스 앤드류스 그림

장재호 옮김

차례

조종사 아카데미에 오신 걸 환영합니다! **6**
조종사들을 만나 볼까요? **8**

헬리콥터 조종사

헬리콥터에 대해 알아보아요 **10**
헬리콥터 조종은 이렇게! **12**
이륙과 착륙 **14**
날씨가 나쁘면 비행을 안 하나요? **16**
야간 수색 **18**
구급 헬리콥터 출동! **20**
헬리콥터 임무 **22**

전투기 조종사

체력을 키워요 **24**
반응 속도 훈련 **26**
집중력 훈련 **28**
전투기에 대해 알아보아요 **30**
제트 엔진 **32**
전투기는 어떻게 날까요? **34**
무선 통신 **36**
에어쇼 **38**

여객기 조종사

여객기를 알아볼까요? 40
여객기 조종법을 익혀요 42
비행 계획은 어떻게? 44
연료는 얼마나? 46
공항을 디자인해요 48
이륙해 볼까요? 50
강하 훈련 52
착륙해 볼까요? 54
착륙 후에는 어떻게? 56
부기장과 함께해요 58
누구와 함께 일할까요? 60

부록

스티커
항공기 카드
게임말
비행기 포스터
세계 여행 게임판
입체 비행기 모형 만들기

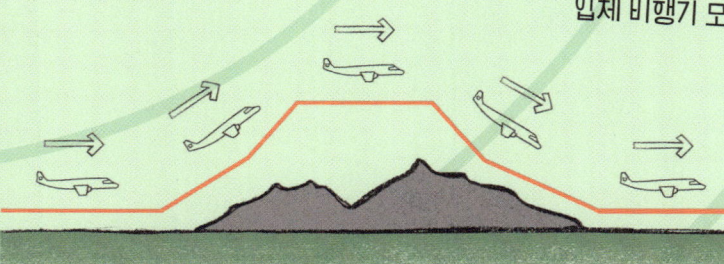

조종사 아카데미에 오신 걸 환영합니다

조종사 아카데미 입학을 축하합니다! 지금부터 조종사가 되기 위해
필요한 지식을 배우고 다양한 훈련을 할 거예요.

조종사는 무슨 일을 할까요? 여객기 조종사는 매년 수억 명의 승객을 안전하게 수송해요.
헬리콥터 조종사는 바다 한가운데 있는 석유 시추 시설에 일꾼을 데려다 주기도 하고,
도움이 필요한 사람을 구조하기도 해요. 환자를 빠르게 수송하는 일도 하고요.
전투기 조종사는 우리나라를 지키기 위해 지금도 저 하늘을 날고 있지요.
이 모든 것이 가능한 이유는 최고 수준의 교육과 훈련을 통해 탄생한
멋진 조종사들 덕분이에요.

조종사 아카데미에서 이런 걸 배울 거예요.

- 다양한 종류의 항공기 조종 방법 및 임무
- 승객과 승무원을 안전하게 수송하는 방법
- 최고 속도로 비행하는 방법
- 비상 상황 대처법
- 안전하게 착륙하는 방법

첫 번째 임무는 조종 훈련생 카드를 만드는 거예요.

조종 훈련생

이름 :
나이 :
입학 날짜 :
존경하는 조종사 :

조종사가 되려면 무엇을 잘해야 할까요? 우선 신체가 건강해야 해요. 친구들과 열심히 뛰어놀면 도움이 되겠죠? 친구를 배려하는 마음도 갖추면 더욱 멋진 조종사가 될 거예요. 조종사 아카데미의 모든 과정을 마치면 헬리콥터 조종사, 전투기 조종사, 여객기 조종사가 될 수 있어요. 행운을 빌게요.

조종사들을 만나 볼까요?

지금도 하늘에는 다양한 종류의 항공기가 날고 있어요. 항공기를 조종하는 조종사의 종류도 다양하지요. 한번 만나 볼까요?

여객기 조종사

전투기 조종사

헬리콥터 조종사

활공기 조종사

수상 비행기 조종사

초경량 비행 장치 조종사

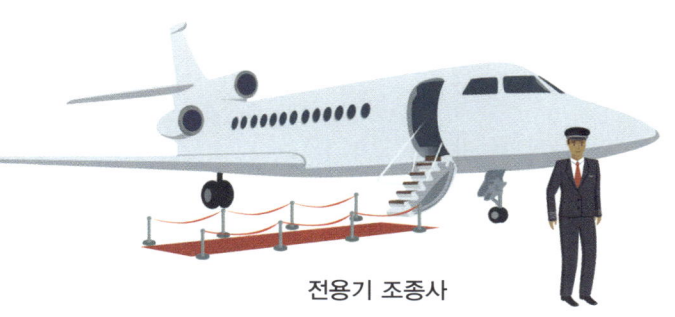
전용기 조종사

드론 조종사

1903년 12월　　　　　　　　　　　　　　　　　　　　　　　풀빛신문

세계 최초의 비행기

세계 최초의 동력 비행기는 누가 만들었을까요? 미국 오하이오주 데이톤에 살던 **윌버 라이트**와 **오빌 라이트** 형제예요. 라이트 형제는 낮에는 자전거 수리공으로 일하고, 밤에는 비행기를 디자인했다고 해요. 대단하죠? 이렇게 노력한 끝에 1903년 **세계 최초**로 동력 비행기를 만들었고, 6m 높이에서 36m를 비행했어요.

헬리콥터 조종사

헬리콥터에 대해 알아보아요

회전 날개

헬리콥터는 위에 있는 회전 날개를 돌려 하늘을 날 수 있는 힘을 만들어요. 조종사는 **회전 속도**와 **날개 각도**를 조종해요.

꼬리 날개

헬리콥터가 안정적으로 날 수 있도록 해요. 꼬리 날개가 멈추면 회전 날개가 도는 방향의 **반대 방향**으로 헬리콥터가 계속 돌아요.

조종석

이곳에서 **조종사**가 헬리콥터를 조종해요.

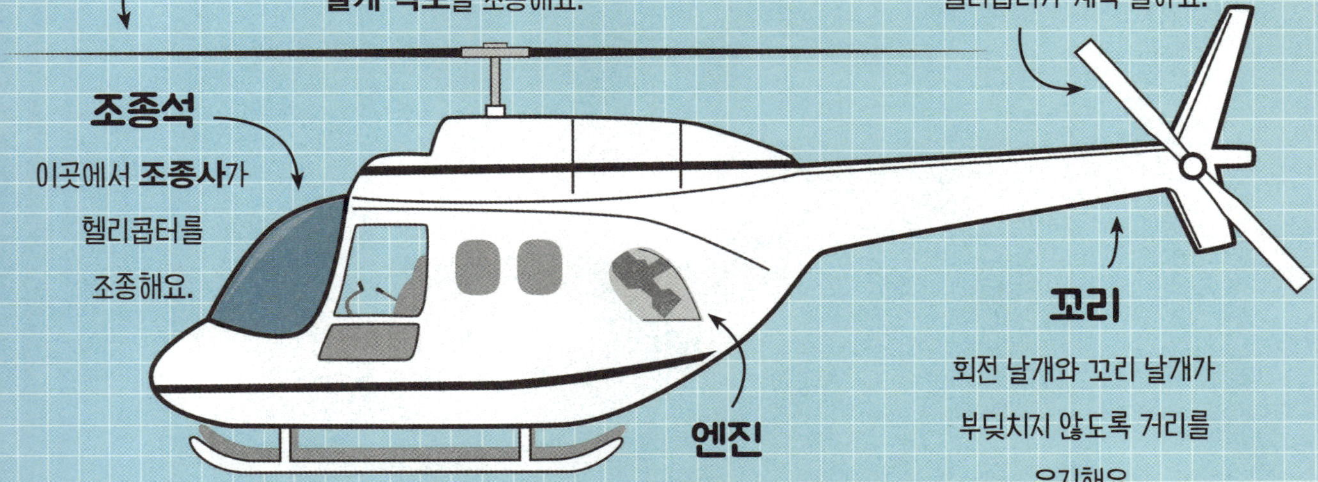

꼬리

회전 날개와 꼬리 날개가 부딪치지 않도록 거리를 유지해요.

엔진

날개를 회전시킬 **힘**을 만들어요.

스키드

헬리콥터는 수직으로 이륙하고 착륙해요. 이때 바퀴 대신 스키드를 사용해요.

미니 헬리콥터 만들기
미니 헬리콥터를 만들어 볼까요?

준비물: 반투명 종이, 연필, 자, 두꺼운 종이, 가위, 클립

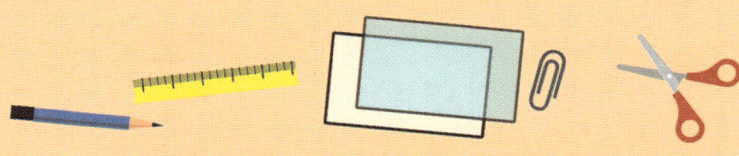

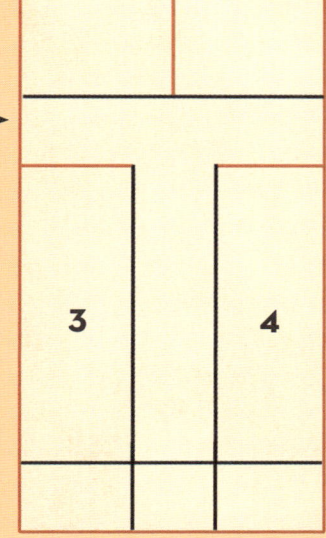

1. 오른쪽 그림 위에 반투명 종이를 대고 연필과 자를 이용해서 모양을 따라 그려요. 다 그린 다음 반투명 종이를 두꺼운 종이에 붙여요.

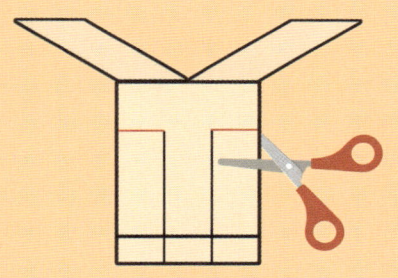

2. 바깥쪽 빨간 선을 자르고, 1번과 2번 사이도 가위로 잘라요.
3. 그림처럼 1번과 2번을 앞뒤로 엇갈리게 접어요.
4. 3번과 4번 위의 빨간 선을 가위로 잘라요.

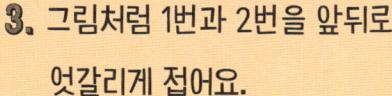

5. 3번과 4번을 겹쳐서 접어요.

6. 밑 부분의 선을 따라 한 번 더 접고 클립으로 고정해요.
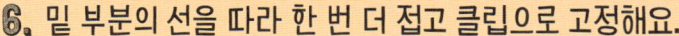

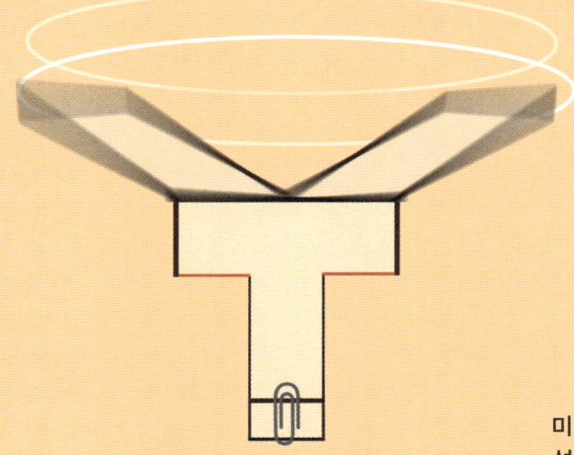

7. 다 만들었으면 밖으로 나가서 공중으로 힘껏 던져요. 미니 헬리콥터가 빙글빙글 돌며 내려올 거예요.

미니 헬리콥터를 만들고 비행에 성공했으면 여기에 스티커를 붙이세요.

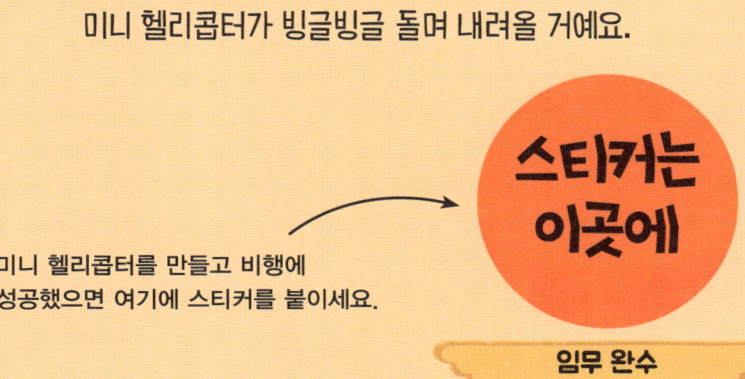

스티커는 이곳에

임무 완수

헬리콥터 조종사

헬리콥터 조종은 이렇게!

헬리콥터 훈련생은 비행 조종 원리를 배워야 해요. 헬리콥터를 어떻게 조종하는지 알아볼까요?

조종간은 회전 날개의 **경사**를 조종할 때 사용해요. 왼쪽으로 눕히면 헬리콥터가 왼쪽으로 기울어지고, 오른쪽으로 눕히면 오른쪽으로 기울어져요. 앞으로 밀면 앞으로 가고, 뒤로 당기면 뒤로 가지요.

조종간

레버

위아래로 당길 수 있는 **레버**가 있어요. 레버를 사용해서 **회전 날개의 각도**를 바꿀 수 있어요. 회전 날개의 각도에 따라 헬리콥터가 올라가거나 내려가요. 상승하려면 레버를 당기면서 쓰로틀을 오른쪽으로 돌리고, 강하하려면 레버를 내리면서 쓰로틀을 왼쪽으로 돌려요.

발로 밀어서 헬리콥터를 움직일 수 있는 **러더**라고 하는 페달이 두 개 있어요. 오른쪽 페달을 밟으면 헬리콥터가 오른쪽으로 **회전**하고, 왼쪽 페달을 밟으면 왼쪽으로 회전해요.

러더 페달

헬리콥터를 좌우로 비틀 때 쓰는 **쓰로틀**이 있어요. 쓰로틀을 오른쪽으로 돌리면 **엔진**의 힘이 세지고, 반대로 돌리면 약해져요.

회전 날개의 **각도**를 바꾸는 장치

재미있는 공놀이

헬리콥터 조종사는 항공기의 움직임을 눈으로 보면서 신속하게 조종하는 능력이 필요해요. 재미있는 공놀이를 하면서 연습해 볼까요?

준비물: 테니스공, 초시계, 친구

1. 오른쪽 손에 공을 들고, 벽에서 한두 발짝 정도 떨어져 서요. 친구가 '시작' 하면 공을 벽에 튕겨서 왼손으로 받아요.

2. 왼손으로 공을 잡았으면 이번에는 반대로, 왼손으로 공을 튕겨서 오른손으로 잡아요. 1분에 몇 번 받는지 친구가 세고, 기록해요.

3. 총 5번 도전할 수 있어요. 도전하는 만큼 실력이 늘어나는지 볼까요?

아래 빈칸에 횟수를 적어요.

	도전 1	도전 2	도전 3	도전 4	도전 5
공을 잡은 횟수					

공놀이를 마쳤으면 여기에 스티커를 붙이세요.

스티커는 이곳에

임무 완수

이륙과 착륙

헬리콥터 조종사

비행기가 이륙하려면 자동차보다 빠른 속도로 달려야 해요. 속도가 빨라야 비행기가 뜰 수 있는 힘인 양력을 충분히 얻을 수 있거든요. 하지만 헬리콥터는 제자리에서 수직으로 이륙하고 착륙할 수 있도록 만들어졌어요.

헬리콥터의 회전 날개는 매우 빠른 속도로 회전해요. **빨리 회전**해야 이륙할 수 있거든요.

헬리콥터의 특성상 공터나 길에도 내릴 수 있지만 일반적으로는 **헬리패드**라는 곳에서 이륙과 착륙을 해요.

헬리패드는 그림처럼 H자가 쓰여 있어요. 공항이나 병원처럼 높은 빌딩 옥상에서 흔히 볼 수 있지요. 옥상은 위험하니 절대로 혼자 가면 안 돼요.

헬리콥터 착륙 게임

헬리콥터 조종사는 헬리패드에 정확하게 착륙해야 해요. 게임을 하면서 헬리콥터 조종 실력을 키워 보세요.

준비물: A4 종이, 자, 연필, 투명한 플라스틱 컵, 마른 콩(작은 지우개 또는 동전), 친구

1. A4 종이에 20cm 정도의 선 두 개를 X자로 그려요.

2. 바닥에 종이를 놓고, X자 위에 투명한 플라스틱 컵을 놓아요.

3. 도전 순서를 정하고, 순서대로 마른 콩을 X자 위에 착륙시켜요. 한 사람이 한 번에 6번 착륙을 시도할 수 있어요.

컵 안에 착륙하면 5점, 컵 밖에 착륙했으나 X자 안이면 3점을 얻고, X자를 벗어나면 2점을 빼요.

도전마다 점수를 계산해서 적어요. 점수가 많은 사람이 이겨요.

	도전 1	도전 2	도전 3	도전 4
도전자 1				
도전자 2				

착륙 놀이를 마쳤으면 여기에 스티커를 붙이세요.

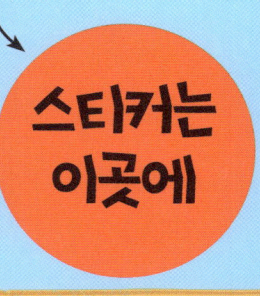

임무 완수

헬리콥터 조종사

날씨가 나쁘면 비행을 안 하나요?

헬리콥터 조종사의 중요한 임무 중 하나는 위험에 처한 사람들을 구하는 구조 임무예요. 특히 날씨가 나쁜 날에 구조 임무를 해야 하는 일이 많지요. 이런 날을 대비해서 특별 훈련을 받아야 해요. 날씨가 나쁘면 안전하게 비행하기가 어렵거든요.

구조 미션을 잘 수행하려면 밖이 잘 보여야 해요. 짙은 안개, 강한 비바람, 눈보라가 있는 날에는 비행이 힘들어요. 따라서 조종사는 비행 전에 가장 먼저 날씨가 좋은지부터 확인해요. 다음은 실제로 조종사들이 보는 날씨 기호예요.

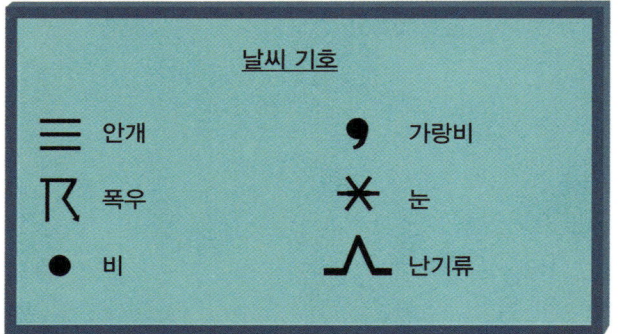

날씨 기호
- ☰ 안개
- ﹐ 가랑비
- ⌐ 폭우
- ✳ 눈
- • 비
- ⋀ 난기류

공항에는 바람의 방향과 세기를 알 수 있는 풍향계가 있어요. 바람이 너무 세게 불면 비행을 못 할 수도 있어요.

겨울에는 회전 날개가 얼음이나 눈으로 덮여서 비행하기 힘들 때도 있어요. 조종사는 비행 전에 항상 날개가 안전한지 확인해요. 항공사 직원에게 날개를 깨끗하게 치워 달라고 부탁하기도 하지요.

날씨 알아보기

구조 임무를 시작하기 전에 각 지역의 날씨를 알아볼까요?

각 지역의 날씨가 어떤지 적어 보세요.

산 :

해수욕장 :

도시 :

항구 :

공항 :

날씨 파악했으면 여기에 스티커를 붙이세요.

스티커는 이곳에

정답 ▶
산: 눈, 해수욕장: 맑음, 도시: 안개, 항구: 눈보라, 공항: 비

임무 완수

17

헬리콥터 조종사

야간 수색

구조 임무 조종사는 비상 대기 근무를 서며, 구조 요청이 오면 바로 출동해야 해요. 예를 들어 산에 간 사람들이 날이 어두워져 길을 잃었다고 구조 요청을 하면 아무리 어두운 밤이라고 해도 바로 구조하러 가야 하지요.

구조 장소에 도착하면 밝은 빛을 비추는 **탐조등**을 사용해서 사람을 찾아요.

밤에 안전하게 비행하려면 헬리콥터에 전등을 달아서 다른 항공기 조종사가 헬리콥터를 잘 보고 피할 수 있도록 해야 해요. 꼬리에는 번쩍이는 **흰색** 등을, 왼쪽에는 **빨간색** 등, 오른쪽에는 **초록색** 등이 빛나도록 해야 해요.

특수 안경을 착용하면 밤에도 잘 볼 수 있어요.

특별히 제작한 **열 감지 장치**를 이용해서 어두운 곳에 있는 사람을 찾기도 해요.

야간 구조 임무 훈련

야간 구조 임무에 투입된 조종사가 되어 보아요. 어두운 방에서 친구와 함께할 수 있는 게임이에요. 시작해 볼까요?

준비물: 종이, 연필, 손전등, 친구

1. 가로세로 3cm 넓이로 종이를 자르고, 각각 1부터 6까지 숫자를 적어요.

2. 친구가 숫자가 적힌 종이를 어두운 방으로 가져가 흩어 놓을 때까지 밖에서 기다려요. 이때 숫자는 반드시 위로 놓여 있어야 해요.

3. 구조 임무 시작!
   손전등을 켜고 어두운 방으로 들어가 숫자가 적힌 종이를 들고 나와요. 반드시 1부터 6까지 순서대로 구조해야 해요. 1을 찾지 못하면 2를 집을 수 없어요.

헬리콥터 구조팀은 구조할 사람을 찾으면 직접 구조하기도 하고, 지상 구조팀이 구조하도록 위치를 알려 주기도 해요.

야간 구조 임무를 완료했으면 여기에 스티커를 붙이세요.

스티커는 이곳에

임무 완수

헬리콥터 조종사

구급 헬리콥터 출동!

구급 헬리콥터는 언제 출동할까요? 지상으로 다니는 구급차가 갈 수 없는 곳에 환자가 있거나, 병원이 아주 멀어 구급차보다 빠른 구급 헬리콥터가 필요할 때 출동해요. 때로는 구급 헬리콥터가 착륙할 수 없는 곳에 환자가 있을 때도 있어요. 이럴 때를 대비해서 특수 훈련을 받아야 해요.

**바다 한가운데 있는 조그만 보트에 환자가 있다면 어떻게 해야 할까요?
직접 구급 헬리콥터 조종사가 되어 구조법을 배워 보아요.**

먼저 조종사는 헬리콥터를 조심스럽게 조종해서 보트 바로 위에서 정지 상태로 있어야 해요. 바람이 불어도 밀리면 안 돼요. 정지 상태가 되면 윈치라는 장비를 사용해서 밧줄을 보트로 내려요. 이때 바람에 날리지 않게 밧줄 끝에 무거운 고리를 달아 놓아요.

승무원 한 명이 밧줄을 타고 보트로 내려가요.

환자를 안전하게 올릴 수 있도록 장비를 이용해서 환자를 헬리콥터에 연결해요. 헬리콥터에서 윈치로 밧줄을 끌어올리도록 신호를 줘요.

바람이 많이 불거나 파도가 높게 치는 날씨라면 조종하기가 더욱 어렵겠죠? 헬리콥터의 시끄러운 엔진 소리와 바람 소리 때문에 승무원 간에 무슨 말을 하는지 알아듣기 어려울 수도 있어요. 그러나 한순간도 긴장을 늦추지 말고 집중해야 해요.

윈치 게임

헬리콥터 윈치 장비를 잘 사용하려면 양손을 흔들림 없이 안정적으로 사용할 줄 알아야 해요. 얼마나 잘할 수 있는지 도전해 볼래요?

준비물: 휴지심, 가위, 1m 정도 되는 끈, 연필, 환자 역할을 할 동전, 의자

1. 휴지심을 5cm 길이로 잘라요. 이때 휴지심을 살짝 눌러 잘라요. 자른 후에는 다시 동그랗게 만들어요.

2. 끈의 한쪽을 연필에 묶고 다른 쪽을 준비된 휴지심에 묶어 주면 준비 끝!

3. 휴지심 안에 동전을 넣고 바닥에 놓은 다음, 의자 위로 올라가 구조를 준비해요.

4. 천천히 그리고 아주 조심스럽게 연필을 돌려서 끈을 말아 올려 볼까요? 동전이 떨어지지 않게 끝까지 올렸다면 성공이에요.

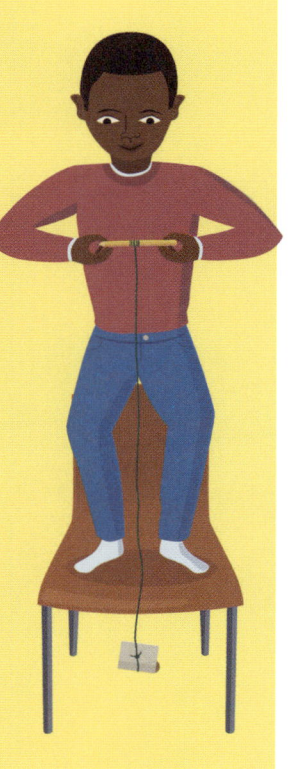

헬리콥터 윈치를 만들어 구조에 성공했으면 여기에 스티커를 붙이세요.

스티커는 이곳에

임무 완수

헬리콥터 조종사

헬리콥터 임무

조종사는 헬리콥터를 타고 여러 가지 임무를 해요.
어떤 일을 하는지 알아볼까요?

승객 수송 헬리콥터

비행기가 착륙하려면 긴 활주로가 필요해요. 외딴섬이나 건물 옥상같이 비행기가 착륙할 수 없는 곳에 사는 사람들을 수송할 때는 헬리콥터가 최고예요.

화물 수송 헬리콥터

비행기가 가기 힘든 지역에 화물을 옮길 때도 헬리콥터가 좋겠지요.

소방 헬리콥터

호수나 저수지의 물을 실어서 불을 끌 때 사용하는 헬리콥터도 있어요. 산불도 끌 수 있고, 건물 화재도 끌 수 있어요.

텔레비전 중계 헬리콥터

교통 체증, 홍수, 화재 등 다양한 뉴스를 공중에서 촬영해요.

경찰 헬리콥터

영화에서 범인과 경찰이 도로 위에서 추격전을 하는 장면을 본 적 있나요? 헬리콥터로 범인을 쫓으면 어떨까요? 경찰차는 피할 수 있어도 경찰 헬리콥터는 피하기 쉽지 않을 거예요. 경찰 헬리콥터는 공중에서 범인의 위치를 추적해요.

비행 정보

축하합니다! 헬리콥터 조종사 훈련을 마쳤어요.

헬리콥터 조종사
— 자격증 —

이름 : ------------------------------

위 사람에게 헬리콥터 조종사 자격을 드립니다.
그동안의 노력에 감사드립니다.

이제 멋진 헬리콥터 조종사가
될 수 있어요.

자격증 취득 날짜 :

전투기 조종사

체력을 키워요

전투기 조종사는 주기적으로 신체검사를 받아야 해요. 신체검사에서 문제가 있으면 비행을 할 수 없어요. 따라서 평소에 운동을 열심히 해서 건강한 신체 상태를 유지해야 해요.

전투기 조종사 운동법

다음 운동법은 심장과 폐를 튼튼하게 하는 운동이에요. 집중력 향상에도 도움이 되지요. 매일매일 하면 좋고, 적어도 일주일에 3번은 하도록 노력해 봐요.

준비 운동

1. 본격적인 비행 전에 준비 운동을 해요. 다리를 어깨 너비로 벌리고 손을 양옆으로 벌려요.
2. 손을 앞뒤로 젖혀요.
3. 같은 동작을 5번 반복해요.

이륙 준비

1. 전투기가 활주로에 도착했어요. 제자리에서 1분간 뛰어서 이륙을 준비해요.

출동

1. 이제 이륙을 해야겠죠? 다리를 어깨 너비로 벌리고 무릎을 구부려요. 양손은 허벅지에 자연스럽게 올려놓고요.
2. 점프해서 하늘 높이 날아 볼까요? 점프!
3. 같은 동작을 5번 반복해요.

공중 기동

1. 이번에는 공중 기동을 해 볼까요? 무릎을 구부리고 서요.
2. 점프하면서 손을 양옆으로 쭉 펴면서 다리를 벌려요. 비행기 날개처럼요.
3. 내려올 때는 두 발을 다시 모아요.
4. 같은 동작을 5번 반복해요.

착륙

1. 이제 착륙할 차례예요. 손을 앞으로 나란히 뻗어요.
2. 무릎을 최대한 구부렸다가 아주 천천히 일어서요.
3. 같은 동작을 5번 반복해요.

운동을 마칠 때마다 표에 √ 표시를 해요.

운동	첫째 날	둘째 날	셋째 날
준비 운동			
이륙 준비			
출동			
공중 기동			
착륙			

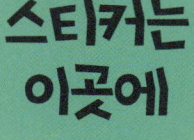

전투기 조종사 운동을 마쳤으면 여기에 스티커를 붙이세요.

스티커는 이곳에

임무 완수

반응 속도 훈련

전투기 조종사

'초음속'이라는 말을 들어 본 적 있나요? 초음속은 소리의 속도보다 빠른 속도를 말해요. 초음속 전투기는 소리보다 빠른 전투기예요. 대단하죠?

초음속이란?

소리는 1시간에 **1,225km**를 간다고 해요. 1초에는 340m를 이동하지요.
얼마나 빠른지 아직 잘 모르겠다고요?

친구와 축구 경기장 양 끝에 있다고 상상해 보세요.
친구가 여러분 **이름을 부르면** 약 0.3초 만에 들을 수 있어요.
소리는 그만큼 빨라요.

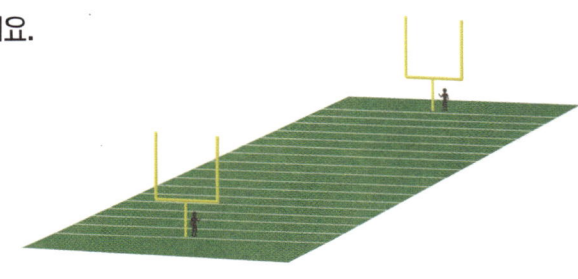

동전 잡기 훈련

전투기는 엄청나게 빠른 속도로 날아다니기 때문에 조종사는 아주 빠른 시간 안에 판단하고 조종해야 해요. 훈련을 통해 판단력을 키워 보세요. 초음속 전투기 조종사가 되기 위한 반응 속도 훈련은 3단계예요. 전투기 조종사의 등급은 요기, 분대장, 편대장 순으로 올라가요. 요기 단계를 성공하면 분대장 단계를, 분대장 단계를 성공하면 편대장 단계를 훈련할 수 있어요.

준비물: 동전 3개, 친구

요기 단계

1. 손등에 동전을 올려놓고 위로 튕겨 올려요.

2. 동전이 떨어지기 전에 손을 뒤집어 손바닥으로 잡아요.

3. 성공했으면 이번에는 동전 두 개를 더 쌓아 3개로 해 봐요. 성공했나요? 이제 분대장 단계 훈련을 해 봐요.

분대장 단계

1. 친구에게 손을 앞으로 뻗어서 동전을 잡고 있도록 부탁해요.
2. 친구로부터 한 발짝 떨어져서 손을 허리에 붙이고 동전을 받을 준비를 해요.
3. 친구가 동전을 떨어뜨리면 바닥에 떨어지기 전에 잡아요. 성공했나요? 이제 편대장 단계 훈련을 해 봐요.

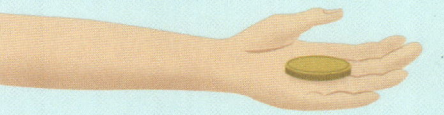

편대장 단계

1. 팔꿈치를 구부리고 어깨와 나란하게 앞으로 뻗어요.
2. 그 위에 동전을 올려놓아요.
3. 팔꿈치를 펴면 동전이 떨어지겠죠? 팔꿈치를 펴면서 동전이 바닥에 떨어지기 전에 잡으면 성공이에요.

마크 넘버

전투기 속도는 마크 넘버를 사용해요. 전투기가 소리의 속도로 날아가면 마크1이에요.

대부분의 전투기는 마크2보다 빠르게 날아요.
F-15 전투기의 최고 속도는 마크2.5예요.

동전 잡기 훈련을 무사히 마쳤으면 여기에 스티커를 붙이세요.

임무 완수

전투기 조종사

집중력 훈련

전투기 조종은 고도의 집중력을 필요로 해요. 다음은 전투기 조종사가 집중해야 하는 기동들이에요. 조금이라도 실수하면 안 돼요.

편대 비행

여러 대의 비행기가 대열을 이루어 비행하는 것으로, 두 비행기의 날개 사이 거리가 가까울 때는 몇 cm밖에 안 돼요.

저고도 비행

전투기의 미션 중에는 아주 낮게 비행해야 하는 경우가 있는데요, 순간 실수하면 큰일이에요.

호위 미션

위험에 처한 여객기를 보호하기도 하고, 북에서 귀순한 전투기를 안전하게 착륙하도록 돕기도 해요.

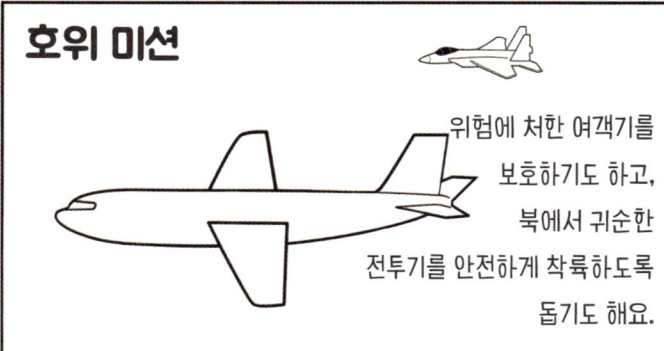

항공 모함 착륙

활주로의 길이가 겨우 100m 정도밖에 안 되는 항공 모함에 착륙할 때는 매우 조심해서 착륙해야 하지요.

다양한 전투 기동

에어쇼에 가면 볼 수 있는 급상승, 급강하, 급선회, 회전 등 여러 가지 기동이 있어요.

공중 급유

전투기는 연료 소모가 많아서 연료를 많이 실은 공중 급유기를 통해서 연료를 공급받아요.

틀린 그림 찾기

두 개의 그림을 비교해 보아요. 똑같아 보이나요? 조금만 더 집중해 보세요. 틀린 곳을 찾았으면 원을 그려 표시해 보세요.

그림 1

그림 2

틀린 곳을 모두 찾았으면 여기에 스티커를 붙이세요.

스티커는 이곳에

정답 ▶
1. 그림 2에는 전투기 날개의 빨간색 무늬가 없어요. 2. 그림 2에는 조종사가 한 명이고요. 3. 그림 2에 들은 양가가 없어요. 4. 그림 2의 전투기 날개에 빨간색 마크가 없어요. 5. 날개 꼬리 마크 색깔이 서로 달라졌어요. 6. 그림 2에는 새가 한 마리 적어요.

임무 완수

전투기 조종사

전투기에 대해 알아보아요

전투기 조종사라면 전투기에 대해 잘 알아야겠죠? 다양한 형태와 크기의 전투기가 있지만 일반적으로 전투기에는 다음과 같은 것들이 있어요.

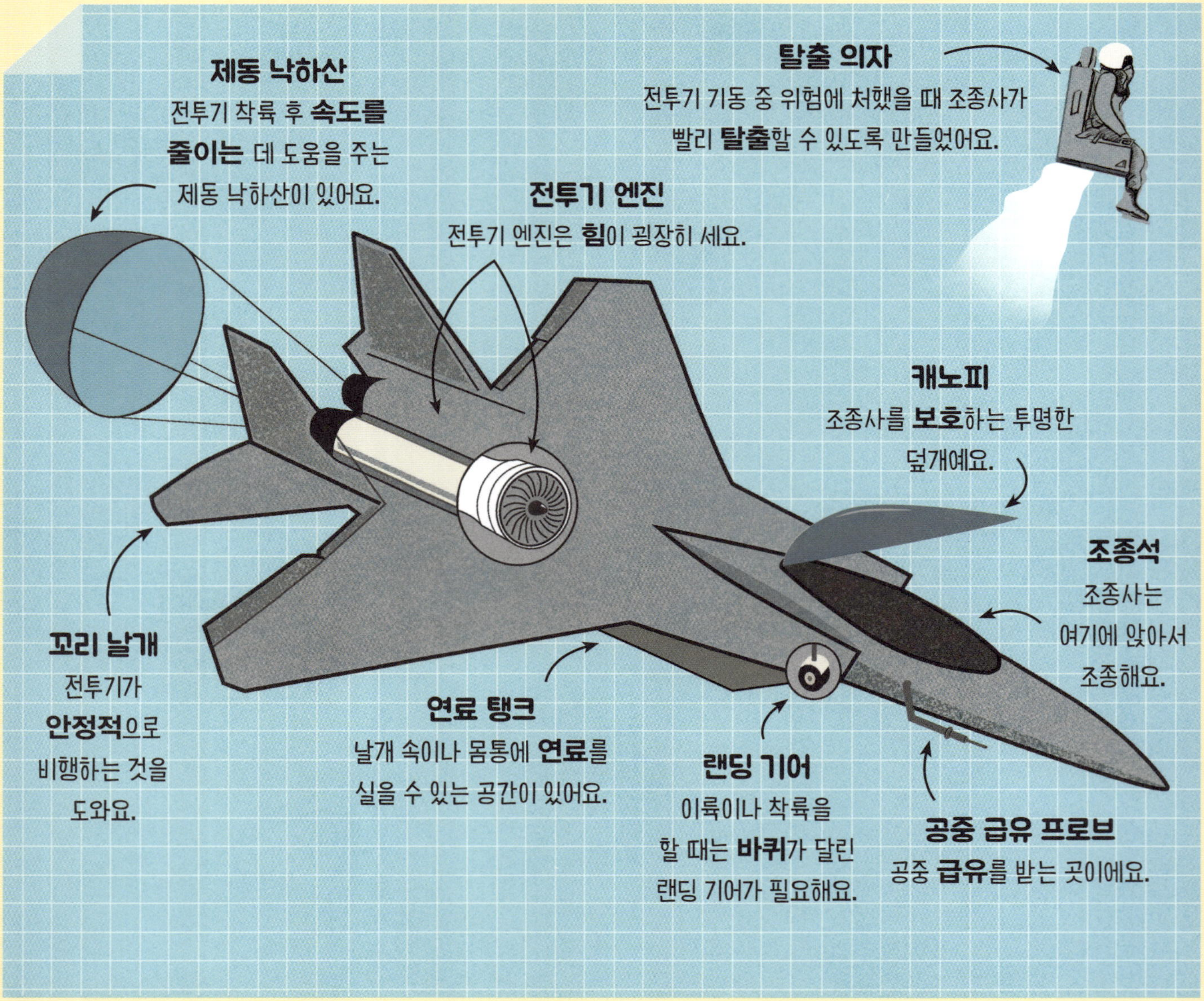

제동 낙하산
전투기 착륙 후 **속도를 줄이는** 데 도움을 주는 제동 낙하산이 있어요.

전투기 엔진
전투기 엔진은 **힘**이 굉장히 세요.

탈출 의자
전투기 기동 중 위험에 처했을 때 조종사가 빨리 **탈출**할 수 있도록 만들었어요.

캐노피
조종사를 **보호**하는 투명한 덮개예요.

조종석
조종사는 여기에 앉아서 조종해요.

꼬리 날개
전투기가 **안정적**으로 비행하는 것을 도와요.

연료 탱크
날개 속이나 몸통에 **연료**를 실을 수 있는 공간이 있어요.

랜딩 기어
이륙이나 착륙을 할 때는 **바퀴**가 달린 랜딩 기어가 필요해요.

공중 급유 프로브
공중 **급유**를 받는 곳이에요.

낙하산 만들기

조종사가 비상 탈출했을 때 낙하산이 어떻게 돕는지 알아볼까요?

준비물: 비닐봉지, 가위, 큰 접시, 사인펜, 무거운 물체(장난감 병정 등)

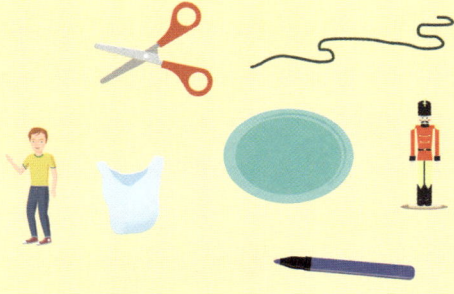

1. 비닐봉지를 잘라 크게 펼쳐요.

2. 큰 접시를 엎어 놓고 사인펜으로 원을 그리고 가위로 오려요.

3. 그림처럼 4군데에 작은 구멍을 뚫어요. 구멍 사이 간격이 일정해야 해요.

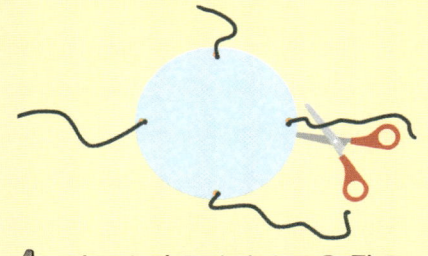

4. 길이가 같은 4개의 끈을 작은 구멍에 넣고 묶어요.

5. 끈의 다른 쪽을 장난감 병정에 묶어요.

6. 탈출 의자를 던질 만한 곳을 찾아요. 계단 위나 공터로 나가 공중으로 힘껏 던져요. 무슨 일이 있었나요? 탈출 의자가 천천히 떨어지나요?

낙하산을 만들어서 항력에 대해 알았으면 여기에 스티커를 붙이세요.

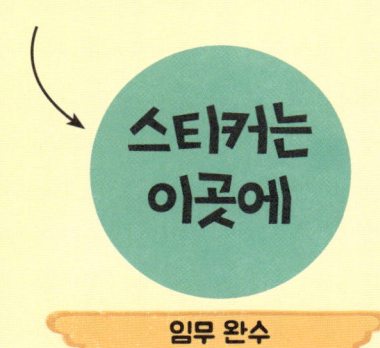

탈출 의자는 왜 천천히 떨어질까요?

움직이는 물체는 공기의 저항인 **항력**이라는 힘을 받아요. 물체의 면적이 넓을수록 이 힘이 커져요. 따라서 낙하산을 이용하면 탈출 의자만 떨어질 때보다 더 천천히 떨어져요. 이런 원리 때문에 조종사가 높은 데서 탈출해도 안전하게 내려올 수 있어요.

전투기 조종사

제트 엔진

전투기가 빠르게 날 수 있는 힘은 강력한 제트 엔진에서 만들어져요.
조종 훈련생은 제트 엔진의 원리를 알아야 해요.

추력

제트 엔진은 엄청난 양의 가스를 뒤로 분출해서 항공기를 앞으로 밀어내요. 이 힘을 '추력'이라고 해요.

1. 엔진으로 들어오는 공기를 압축해서 고압의 공기를 만드는 압축 팬이 있어요.

2. 연소실에서 압축 공기와 연료를 **혼합**해서 폭발시켜요.

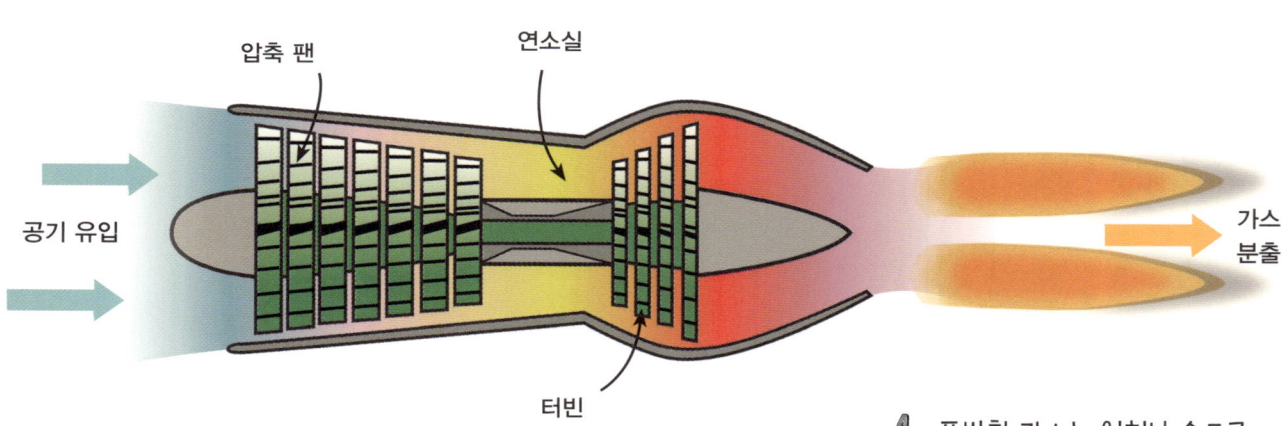

3. 가스는 폭발하면서 **팽창**해요. 폭발한 가스는 터빈을 회전시켜요. 이때 터빈과 연결된 압축 팬도 함께 회전해요.

4. 폭발한 가스는 엄청난 속도로 전투기 뒤로 분출되고, 전투기를 **빠른 속도**로 앞으로 나가게 만들어요.

추력 게임

전투기가 추력을 이용해서 앞으로 나아가는 원리를 이해하기 어려울 수도 있어요.
하지만 평소에 늘 하는 것을 예로 들면 이해하기 쉬울 거예요. 점프를 통해
앞으로 나아가는 추력을 알아볼까요?

준비물: 잔디밭, 위치를 표시할 물건, 줄자, 친구

1. 이륙 지점을 정하고 표시해요.
2. 달려오다가 이륙 지점에 도착하면 점프하여 최대한 멀리 뛰어요. 이때 한 발로 점프해서 두 발로 착지하는 것이 좋아요.
3. 친구는 착지한 곳을 표시해요.
4. 줄자를 이용해서 거리를 측정해요.
5. 가장 멀리 뛴 거리를 기록해요. 친구와 번갈아 가며 각각 3번 점프하고 기록을 적어 보세요.

	점프 1	점프 2	점프 3
내 기록			
친구의 기록			

땅을 뒤로 밀면서 점프함으로써

앞으로 나아가는 힘을 얻어요.

게임을 통해 추력을 이해했으면 여기에 스티커를 붙이세요.

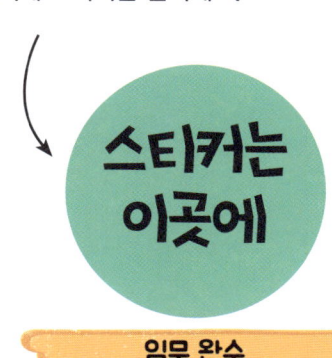

스티커는 이곳에

임무 완수

전투기 조종사

전투기는 어떻게 날까요?

전투기는 어떻게 하늘을 날까요? '양력'이라는 힘을 이용해서 날아요.
실험을 통해서 알아볼까요?

양력 실험

실험을 통해 양력에 대해서 알아보아요. 종이 한 장만 있으면 언제 어디서든 가능해요.

1. A4 종이를 가로 4cm 세로 7cm 넓이로 잘라요.

2. 종이의 한쪽 끝을 잡아요.

3. 종이의 윗부분을 '후' 하고 불어요. 무슨 일이 일어났나요?

종이의 윗부분을 불면 종이가 아래로 내려간다고 생각했나요?

하지만 실제로는 종이가 위로 빨려 올라와 일자가 되어요.

왜 그럴까요?

종이 아래쪽의 공기는 움직임이 없어 속도가 '0'이고, 종이 위쪽의 **공기**는 입김 때문에 속도가 빨라요. 공기가 빠르게 움직이면 압력은 낮아져요. 그러니까 종이 위쪽 압력이 아래쪽에 비해 상대적으로 **낮아져요**. 따라서 압력이 높은 아래쪽 공기가 압력이 낮은 위쪽으로 움직이려고 하지요. 이때 **양력**이라는 힘이 만들어져서 종이를 들어 올려요.

빠른 속도의 공기 → 낮은 압력

종이를 들어 올리는 양력

비행기의 날개

비행기의 독특한 날개 모양이 날개 위와 아래의 **압력** 차이를 만들어 비행기가 뜨게 해요.

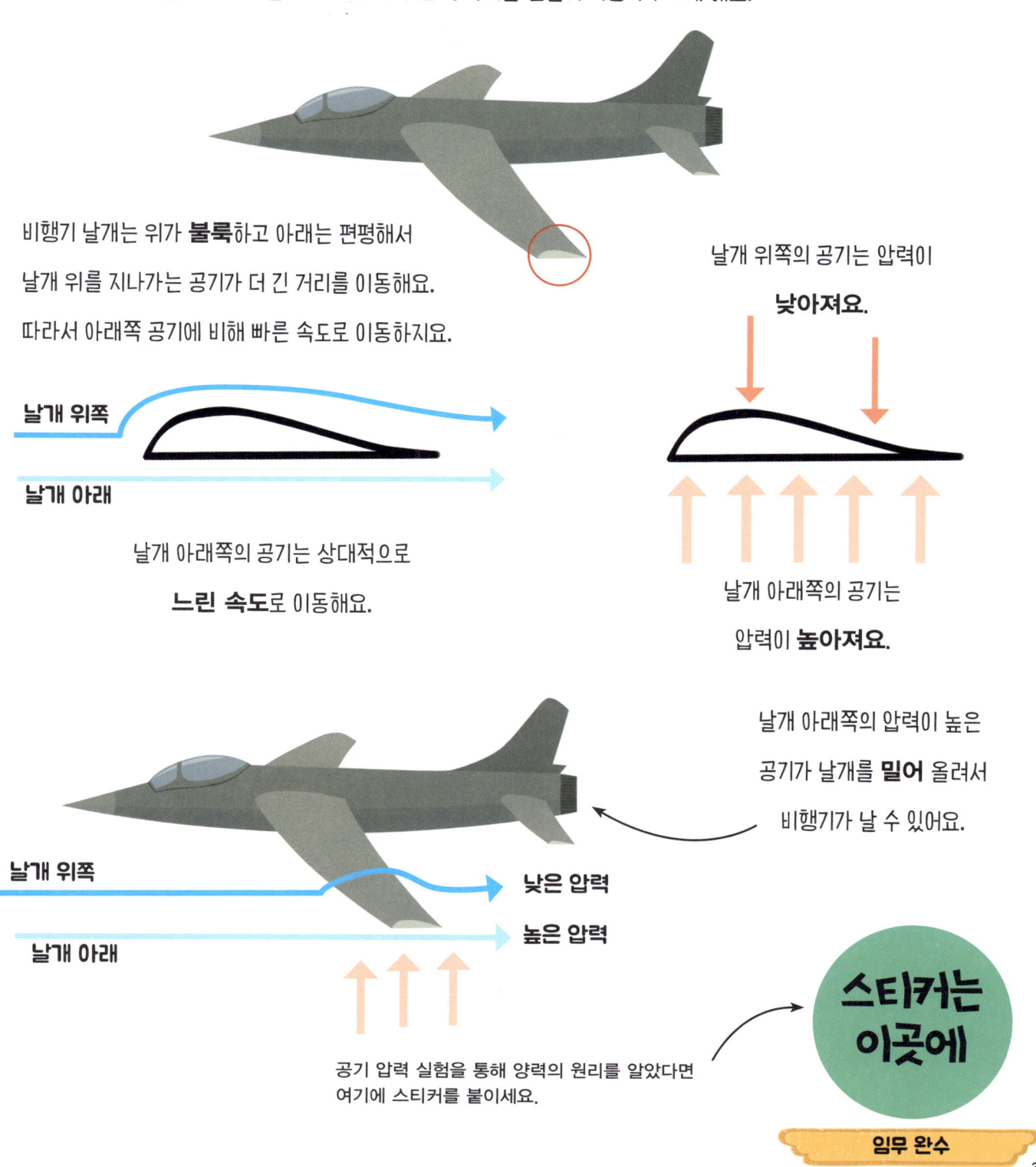

비행기 날개는 위가 **볼록**하고 아래는 편평해서 날개 위를 지나가는 공기가 더 긴 거리를 이동해요. 따라서 아래쪽 공기에 비해 빠른 속도로 이동하지요.

날개 위쪽
날개 아래

날개 아래쪽의 공기는 상대적으로 **느린 속도**로 이동해요.

날개 위쪽의 공기는 압력이 **낮아져요**.

날개 아래쪽의 공기는 압력이 **높아져요**.

날개 아래쪽의 압력이 높은 공기가 날개를 **밀어** 올려서 비행기가 날 수 있어요.

날개 위쪽
날개 아래
낮은 압력
높은 압력

공기 압력 실험을 통해 양력의 원리를 알았다면 여기에 스티커를 붙이세요.

스티커는 이곳에

임무 완수

전투기 조종사

무선 통신

전투기 조종사는 여러 사람과 통신해요. 무선 통신으로 다른 요원들과 통화하기 때문에 통신 장비 사용법을 익혀야 해요.

지상 기지에 있는 **관제사**

편대 비행 중인 **동료 조종사**

호위 미션 중인 조종사

주변의 **다른 항공기 조종사**

무선 통신할 때는 이렇게!

또박또박 말하기
조종사와 관제사가 무선 통신으로 말하다 보면 **잘못** 알아듣는 경우가 많기 때문에 조종사들은 또박또박 말하는 습관을 길러야 해요.

신속 정확하게 말하기
전투기는 매우 **빠르게** 날기 때문에 제때 정확한 이야기를 하지 못하면 임무를 실패할 수도 있어요. 따라서 신속하고 정확하게 대화하는 기술이 필요해요.

꼭 필요한 말만 하기
무선 통신은 여러 사람이 사용하기 때문에 쓸데없는 얘기를 하면 안 돼요. 다른 사람들이 얘기하는데 **끼어들어서도** 안 되고요.

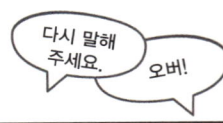

다시 말해 주세요.

오버!

종이컵 전화기 만들기

무선 통신은 전파를 이용해서 대화하는 기술이에요. 조종사가 송신기에 말하면 전파를 타고 다른 사람에게 전달돼요. 전화의 원리와 비슷해요.

무선 통신에서 이용하는 전파를 이해하기 위해 종이컵 전화기를 만들어 음파를 체험해 보세요.

준비물: 연필, 종이컵 두 개, 5~10m 길이의 끈, 친구

1. 연필로 종이컵의 바닥에 구멍을 뚫어요.
2. 끈을 종이컵의 구멍에 넣고 끝을 묶어 끈이 빠지지 않도록 해요. 다른 쪽 끈은 다른 종이컵에 넣어 묶어요.
3. 한 사람이 하나씩 종이컵을 들고 끈이 팽팽해질 때까지 멀리 떨어져요.
4. 한 사람이 종이컵을 귀에 대고, 다른 사람이 컵에 대고 이야기해요. 순서를 번갈아가며 해요. 멀리서도 잘 들리나요?

오버!

왜 그럴까요?

사람이 말을 하면 음파가 만들어져요. 이 음파는 끈을 타고 이동해서 반대쪽 종이컵 안의 공기를 진동시키지요. 공기의 진동이 귀에 들어오기 때문에 멀리서도 잘 들을 수 있어요.

종이컵 전화기를 만들어 음파에 대해 이해했으면 여기에 스티커를 붙이세요.

스티커는 이곳에

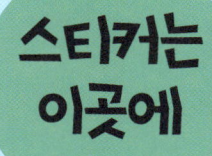

임무 완수

37

전투기 조종사

에어쇼

고난도의 전투기 조종을 열심히 연습하면 '블랙이글' 같은 에어쇼 팀에도 들어갈 수 있어요. 수많은 관중 앞에서 멋진 기동을 보여 주는 전투기 조종사, 멋지지 않아요?

분산 기동
편대를 이루고 오다가 한순간에 사방으로 흩어지는 기동이에요. **폭죽**이 터지는 것 같지요.

루프
수직 상승하여 **원**을 그리는 기동이에요.

배럴 롤
빠른 속도로 꽈배기처럼 옆으로 빙글빙글 도는 기동으로, 맥주 통이 옆으로 누운 모양과 비슷하여 배럴 롤이라고 해요.

교차 비행
전투기 두 대가 마주보고 마치 부딪칠 것처럼 고속으로 **접근**하다가 가까스로 피해 지나가는 기동이에요.

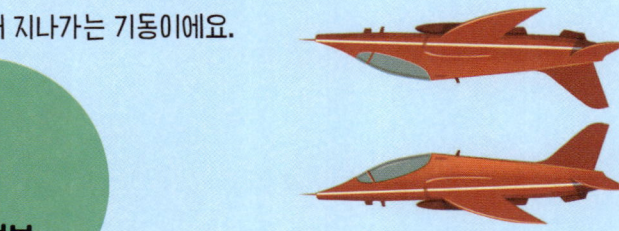

거울 비행
전투기 두 대가 위아래로 거울에 비친 것처럼 똑같은 모양으로 마주 보고 비행하는 기동이에요.

비행 정보

축하합니다! 전투기 조종사 훈련을 마쳤어요.

전투기 조종사
자격증

이름 : _____

위 사람에게 전투기
조종사 자격을 드립니다.
그동안의 노력에 감사드립니다.

이제 멋진 전투기 조종사가
될 수 있어요.

자격증 취득 날짜 : _____

여객기 조종사

여객기를 알아볼까요?

많은 승객의 안전을 책임지는 여객기 조종사는 수많은 교육과 훈련을 받아야 해요. 또한 엄격한 시험을 거쳐 자격증을 받아야 하지요. 그렇다면 여객기는 얼마나 클까요? 대형 여객기는 학교 운동장보다도 크고, 무게도 **20만kg**을 넘어요. 수백 명의 **승객**이 비행기에 타면 더 무거워지겠지요? 이렇게 크고 무거운 비행기를 공중에 띄우려면 얼마나 큰 **양력**이 필요할까요? 상상만 해도 어마어마하지요?

여객기 구성품 이름 맞히기 게임

41쪽 그림 설명을 잘 읽고, 여객기의 각 구성품 이름을 맞혀 보세요.
비행기의 각 부분에는 숫자가 있고, 구성품의 이름과 기능이 설명되어 있어요.
주의 깊게 읽고 빈칸에 알맞은 숫자를 적어 보세요.

5. **동체** 여객기 날개를 부착할 수 있는 여객기의 몸통이에요.

화물칸 짐을 실을 수 있는 공간이에요.

꼬리 날개 수평 꼬리 날개와 수직 꼬리 날개가 있어요. 수평 꼬리 날개는 날개와 비슷한 모양으로 생겼지만 크기가 작아요. 수직 꼬리 날개는 상어 지느러미처럼 생겼어요.

객실 승객이 편안히 앉아서 여행할 수 있는 공간이에요.

플랩 날개에 붙어 있고, 비행 중 위아래로 움직여 여객기의 조종을 도와주는 장치예요.

제트 엔진 여객기에는 일반적으로 2개 또는 4개의 제트 엔진이 있어요.

조종석 조종사가 여객기를 조종하는 공간으로 아무나 들어갈 수 없어요.

날개 양력을 발생시켜 비행기가 날 수 있게 하는 중요한 구성품이에요.

모두 맞혔으면 여기에 스티커를 붙이세요.

스티커는 이곳에

정답 ▶ 1. 조종석, 2. 꼬리 날개, 3. 날개, 4. 객실, 5. 동체, 6. 화물칸, 7. 플랩, 8. 제트 엔진

임무 완수

여객기
조종사

여객기 조종법을 익혀요

여객기는 복잡한 조종 장치와 비행 계기를 사용해서 조종해요. 여객기를 안전하게 조종하기 위해 기장과 부기장은 서로 힘을 합쳐야 하지요.

조종 장치와 비행 계기들을 살펴볼까요?

비행기가 얼마나 높이 날고 있는지 보여 주는 계기를 **고도계**라고 해요. 피트(ft, 3ft=약 1m) 단위로 표시해요.

지금 비행기가 3만ft보다 높게 날고 있나요? 낮게 날고 있나요?

비행기가 동쪽으로 날고 있어요. 조종사가 **방향**을 알 수 있도록 동쪽으로 화살표를 표시해 주세요.

쓰로틀이라고 하는 장치예요. 앞으로 밀면 여객기 엔진의 힘이 세져 여객기의 속도가 빨라지고 뒤로 당기면 엔진의 힘이 약해져 속도가 느려져요. 조종사는 여객기의 속도를 빠르게 하려고 하나요? 느리게 하려고 하나요?

연료의 양을 나타내는 **계기**예요. 눈금이 빨간색을 가리키면 연료를 채워야 해요. 지금 연료를 채워야 하나요?

> 빈칸에 답을 쓰세요.

이 **계기**는 지금까지 비행한 시간을 나타내요. 지금 시각이 오전 10시라면 비행기는 몇 시 몇 분에 이륙했을까요?

여객기의 속도를 나타내는 계기를 **속도계**라고 해요. 속도는 비행기가 얼마나 빠르게 나는지를 나타내고, 노트 단위로 표시해요.(1노트[kn] = 1.9 km/h) 비행기는 지금 500kn로 비행하고 있어요. 조종사가 정확한 속도를 알 수 있도록 속도계에 화살표로 표시해 주세요.

조종사는 조종간을 이용하여 여객기를 조종해요. 조종간을 당기면 비행기는 위로 올라가고, 밀면 아래로 내려가요. 지금 조종사는 상승하려고 하나요? 강하하려고 하나요?

모든 답을 썼으면 아래의 정답과 비교해 보고 여기에 스티커를 붙이세요.

스티커는 이곳에

임무 완수

◀ 정답
3단계보다 두 칸 위요.
속도계 5 눈금에 화살표 해요.
연료를 채우지 않아도 돼요.
오전 8시 15분에 이륙했어요.
상승하려고 해요.

여객기 조종사

비행 계획은 어떻게?

여객기를 안전하게 운항하기 위해서는 비행 계획서를 작성해서 허가를 받아야 해요. 비행 계획서에는 조종사가 얼마나 높게, 얼마나 빨리 비행할지를 포함해서 비행 경로 등 다양한 정보가 있어야 해요. 다음은 비행 계획서에 포함되는 정보들이에요.

이름을 적으세요.

 **비행 계획서**

항공기 편명 :	풀빛 항공 098편
조종사 이름 :	

출발 공항 :	도착 공항 :	교체 공항 :
달라스 포트워스 공항 달라스 미국	챠트라파티 시바지 공항 뭄바이 인도	라지브 간디 공항 하이드라바드 인도

비행 거리 :
7,782 해상 마일

비행 거리는 해상 마일로 계산해요. 해상 마일은 육상 마일보다 조금 더 길어요. 7,782 해상 마일은 8,956 육상 마일 또는 14,413km와 같은 거리예요.

일기 예보 :
일기 예보를 보니 지중해 상공에 폭풍우가 있어요. 이곳은 피해서 비행해야 해요.

착륙 시간대에 뭄바이에 짙은 안개가 낄 것으로 예보되어 교체 공항으로 비행해야겠군요.

필요한 연료량 :
예상 비행 경로와 날씨에 따른 회피 경로를 모두 계산하니 10만kg의 연료가 필요해요.

탑재된 연료량 :
현재 5만kg의 연료가 실려 있어요.

연료는 kg 단위로 계산해요.

재급유 공항 :
엘 프랏 공항
바르셀로나
스페인

어떤 경로로 비행하면 좋을까요?

44쪽 비행 계획서를 바탕으로 비행 경로를 그려 보세요.

비행 계획서를 꼼꼼하게 따져 봐야 해요. 그래야 어디서 연료를 넣을지, 어느 지역을 피해서 비행하고 어디에 착륙해야 할지를 알 수 있어요.

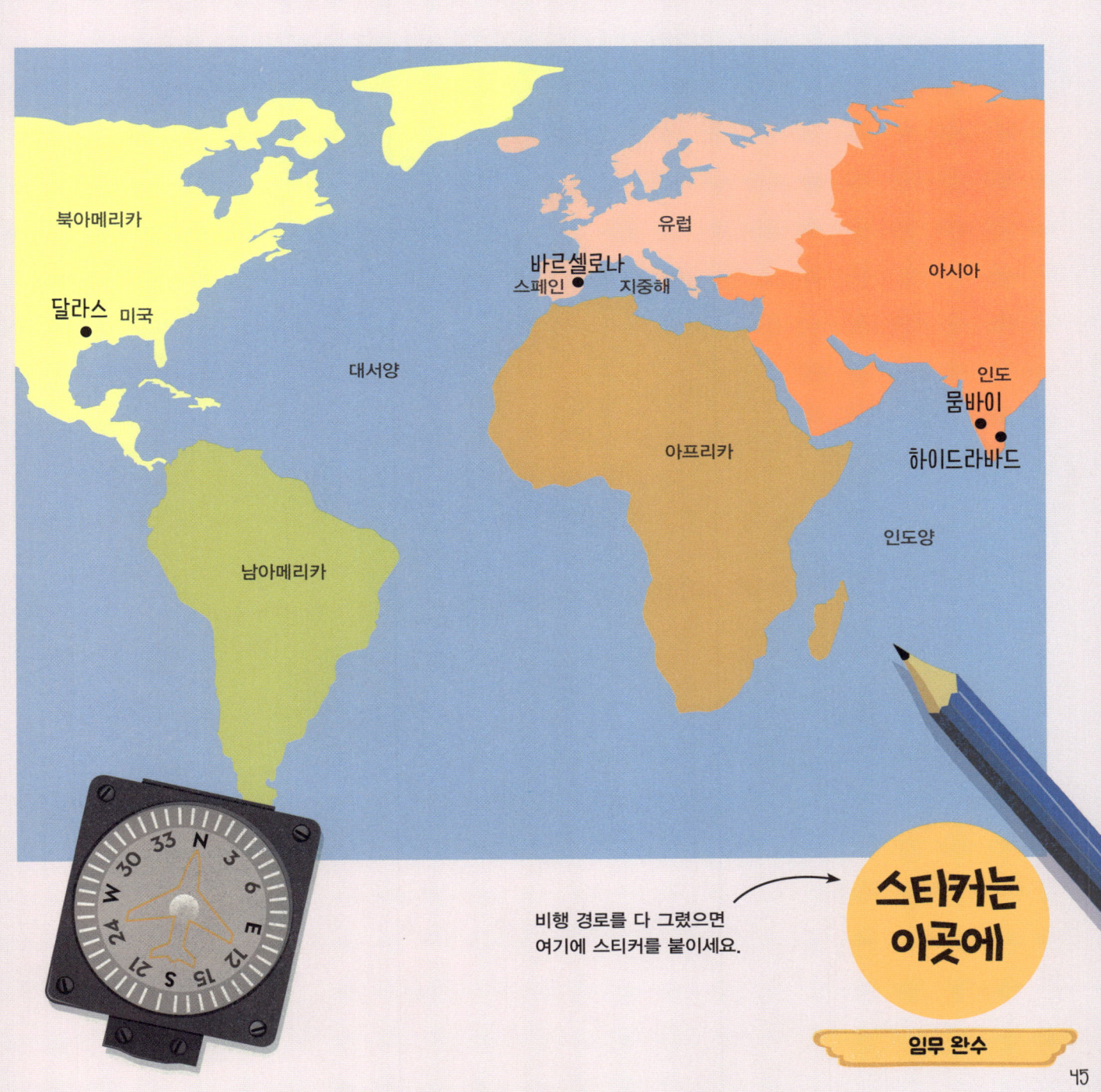

비행 경로를 다 그렸으면 여기에 스티커를 붙이세요.

스티커는 이곳에

임무 완수

여객기 조종사

연료는 얼마나?

조종사는 여객기 출발 전에 연료 계산을 정확히 해야 해요. 연료를 너무 많이 넣으면 여객기가 무거워져서 비행하는 데 더 많은 연료를 쓰게 돼요. 반대로 연료를 조금 넣고 이륙하면 목적지에 도착하기 전에 엔진이 꺼질 수도 있어요. 아주 위험하지요.

연료를 계산할 때 가장 중요한 두 가지는 여객기 무게와 바람의 방향이에요. 비상 상황에서 다른 공항으로 비행할 때 쓰는 비상 연료를 더 싣고 비행해야 하는 것도 잊으면 안 돼요.

대형 여객기처럼 큰 비행기에 연료를 넣기 위해서 길게는 2시간이 걸리기도 해요. 많은 양의 연료를 채워야 하거든요. 연료를 넣으려면 먼저 급유 요원이 주유차를 몰고 여객기 날개 근처까지 운전해야 돼요. **날개 아래**쪽에 연료를 넣을 수 있는 장치가 있어요.

급유 요원은 주유차의 호스를 날개 아래쪽 주유 장치와 연결하고 연료 펌프를 작동시켜 연료를 채워요.

여객기 양쪽 날개 안쪽과 동체 아래에는 연료를 넣을 수 있는 연료 **탱크**가 있어요. 여기에 연료를 채워요.

연료가 얼마나 필요할까요?

이번 임무는 지도에 표시된 네 구간(①, ②, ③, ④)을 비행하는 거예요.
뉴욕에서 로스앤젤레스까지의 첫 번째 비행(①)에 필요한 연료는 다음과 같이 계산했어요.
나머지 비행에 필요한 연료량을 계산해서 빈칸에 적어 보세요. 첫 번째 비행에
필요한 연료를 어떻게 계산했는지 주의 깊게 보면 어렵지 않을 거예요.

- ①번 비행 구간은 뉴욕에서 출발해서 로스앤젤레스에 도착하는 비행이에요. 6시간이 걸려요.
- 이 여객기는 한 시간에 1만kg의 연료를 소모하고, 비상 상황을 대비해서 1시간의 추가 연료를 넣어야 해요.

따라서 6시간 + 1시간 = 7시간, 7 × 10,000 = 70,000
①번 비행 구간에 필요한 연료량은 7만kg이에요.

① 뉴욕 – 로스앤젤레스 = 6시간
② 로스앤젤레스 – 뉴올리언스 = 4시간
③ 뉴올리언스 – 마이애미 = 2시간
④ 마이애미 – 덴버 = 5시간

연료 계산을 마쳤으면 아래의 정답과 비교해 보고 여기에 스티커를 붙이세요.

스티커는 이곳에

정답 ▶
② 50,000 ③ 30,000 ④ 60,000

임무 완수

여객기 조종사

공항을 디자인해요

공항에는 수많은 사람과 여객기가 있어요. 승객이 여객기에 타는 곳을 터미널, 여객기가 이륙하는 곳을 활주로라고 해요. 여객기는 터미널에서 승객을 태우고 계류장을 거쳐 유도로로 진입해요. 유도로를 따라가면 활주로가 나오고, 관제탑의 허가를 받고 이륙하지요.
49쪽에 승객들이 이용하기 편리하고 조종사도 비행하기 쉬운 공항을 만들어 보세요.
물론 공항의 가장 중요한 시설은 활주로지만 활주로 이외에도 다음과 같은 시설이 필요해요.

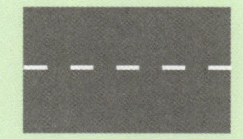

유도로는 여객기가 다니는 길로, 활주로, 계류장, 정비 센터를 연결해요. 이륙이나 착륙할 수는 없어요.

터미널은 승객들이 공항을 편리하게 이용할 수 있도록 만든 곳이에요. 비행기 표를 사고 짐을 부친 후 검색대를 통과하면 여객기가 있는 곳으로 갈 수 있어.

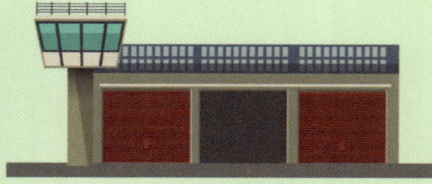

공항에는 비상 상황에 대비해서 소방차와 구급차가 대기하는 **소방서**가 있어요.

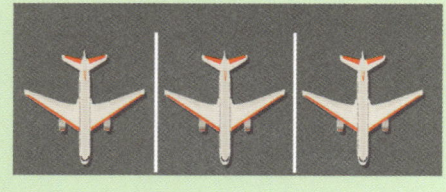

계류장은 여객기가 쉬었다 가는 공간이에요. 필요한 연료도 채우고, 짐도 실을 수 있고, 승객도 태울 수 있어요.

공항에는 항공기를 관리하고 통제하는 **관제탑**이라는 곳이 있어요. 공항을 한눈에 볼 수 있도록 높은 탑 위에 있어요.

정비 센터는 고장 난 여객기를 수리하는 곳으로 여러 대의 여객기가 들어갈 수 있을 정도의 큰 건물이에요.

잠깐! 여객기가 계류장, 활주로, 정비 센터에 모두 갈 수 있도록 디자인해야 해요.

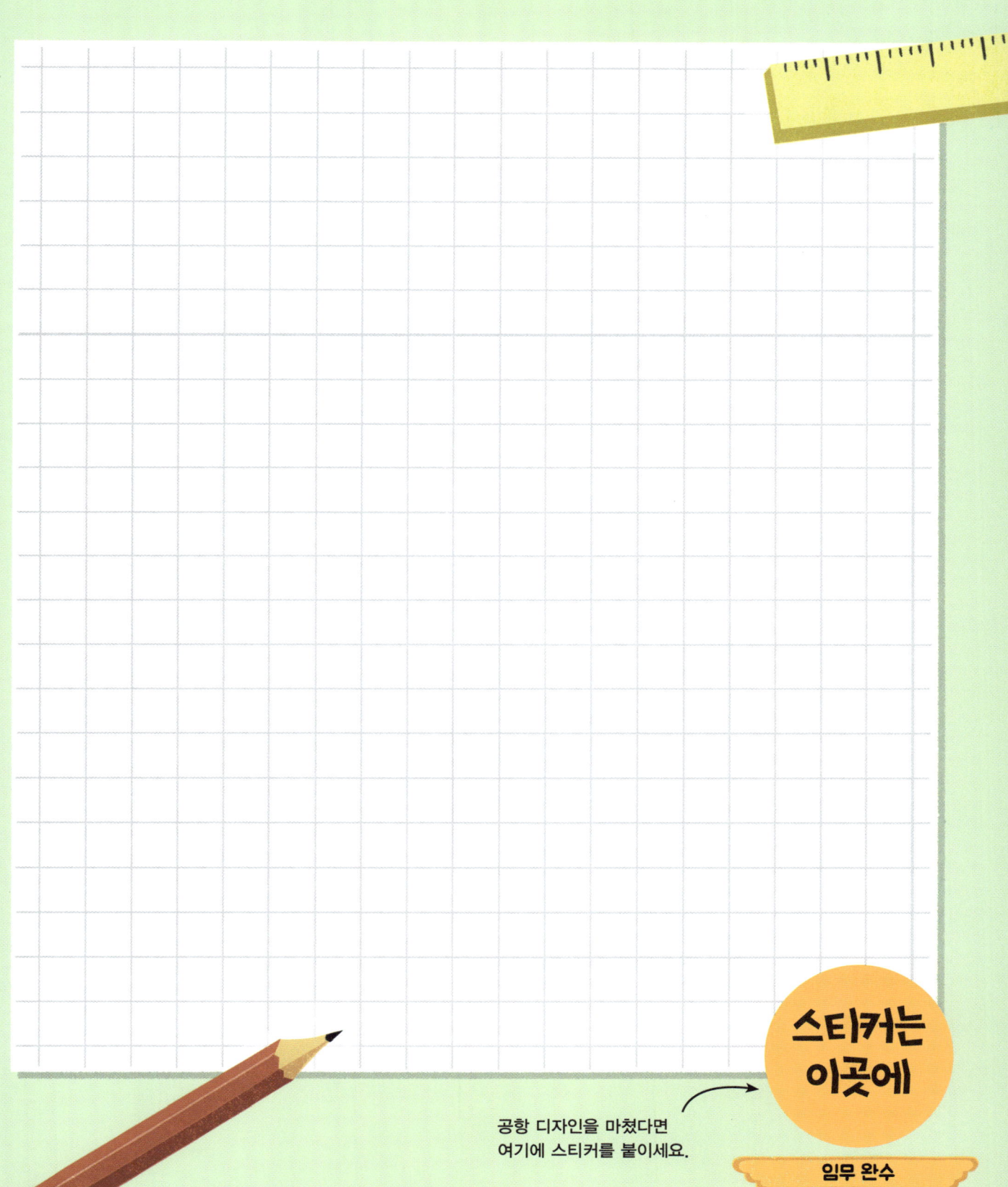

공항 디자인을 마쳤다면 여기에 스티커를 붙이세요.

스티커는 이곳에

임무 완수

여객기 조종사

이륙해 볼까요?

조종 훈련생으로서 첫 비행을 앞두고 있어요. 곧 이륙해서 높이 올라갈 거예요. 아래 그림을 보면 여객기가 어떤 과정을 거쳐 출발하는지 알 수 있어요. 각각의 **비행 과정 이름**을 익혀 보세요.

이륙하기에 충분한 양력을 얻으려면 대략 129노트(240km/h)의 속도가 필요해요. 엄청 빠르죠?

연을 만들어 보아요

연으로 여객기의 이륙과 상승에 대해 알아볼까요?

준비물: 40cm 얇은 대나무, 60cm 얇은 대나무, A3 종이, 접착테이프, 자, 연필, 가위, 5m 가량의 끈, 가는 천 조각, 친구

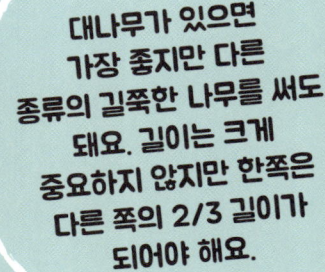

대나무가 있으면 가장 좋지만 다른 종류의 길쭉한 나무를 써도 돼요. 길이는 크게 중요하지 않지만 한쪽은 다른 쪽의 2/3 길이가 되어야 해요.

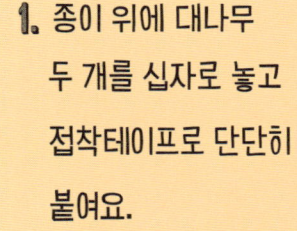

1. 종이 위에 대나무 두 개를 십자로 놓고 접착테이프로 단단히 붙여요.

2. 자로 대나무 끝을 잇는 선을 그어 마름모 모양을 만들고 가위로 잘라요.

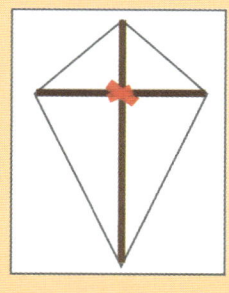 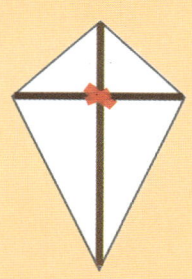

3. 끈의 한쪽 끝을 대나무의 십자 모양에 올려요.

4. 접착테이프로 끈을 십자가 부분에 붙이고, 대나무의 끝부분도 접착테이프로 고정시켜요.

5. 가느다란 천 조각을 마름모 아래 부분에 붙이거나 묶어요.

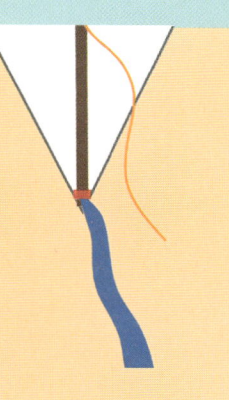

이제 이륙을 연습할 시간이에요. 친구에게 끈을 잡아 달라고 부탁하고 이륙 준비를 해요. 연을 잡고 최대한 빨리 뛰다가 힘껏 하늘로 던져요.

연을 만들어 날렸으면 여기에 스티커를 붙이세요.

임무 완수

51

여객기 조종사

강하 훈련

여객기가 공항에 안전하게 착륙하기 위해 강하하는 동안, 조종사는 착륙하기에 알맞은 고도와 속도로 접근하고 있는지를 지속적으로 확인해야 해요. 고도는 일반적으로 피트(ft) 단위로 사용해요. 3ft는 대략 1m예요.

조종사는 여객기의 고도와 공항으로부터의 거리를 계산해서 **강하** 시작 지점을 정해요. 고도 3만 3천ft인 조종사는 공항으로부터 대략 100마일부터 강하를 계획해요. 왜냐하면 대략 3마일에 **1천ft**정도를 강하해야 착륙하기에 알맞은 고도와 속도로 공항에 접근할 수 있거든요.

순항고도: 33,000ft

강하: 26,000ft

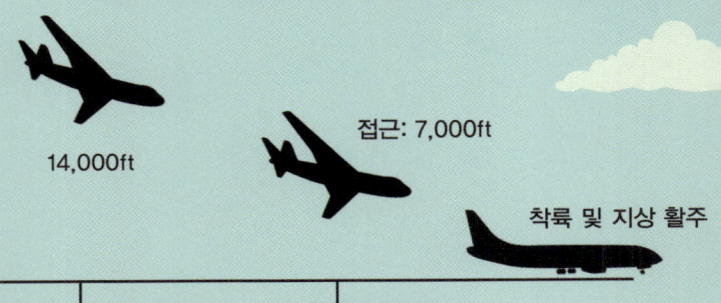

14,000ft

접근: 7,000ft

착륙 및 지상 활주

100 해상 마일   75 해상 마일   50 해상 마일   20 해상 마일

여객기가 강하하여 공항에 접근하는 동안 조종사는 관제사로부터 공항 환경 및 교통 환경에 따라 여객기의 방향을 틀거나 고도를 변경하라는 지시를 받아요. 속도를 줄이라는 지시를 받기도 해요. 때로는 관제탑의 착륙 허가를 얻지 못해서 상승했다가 공항 주변을 한 바퀴 돌아서 다시 강하해야 하는 경우도 있어요. 조종사의 올바르고 빠른 판단력이 필요한 순간이지요.

풀빛 항공 5638편, 110° 방향으로 향하고 2천ft까지 강하하며 속도를 210노트까지 줄여 주세요.

강하 훈련

종이비행기를 만들어 일직선으로 날려 보세요. 주변에 부딪치지 않고 땅에 착륙하면 성공이에요.

준비물: A4 종이

1. 종이를 세로로 접었다가 펴요.

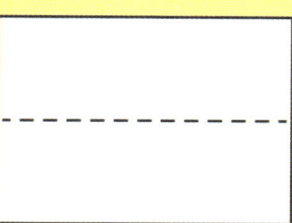

2. 양쪽 모서리를 가운데로 접어요.

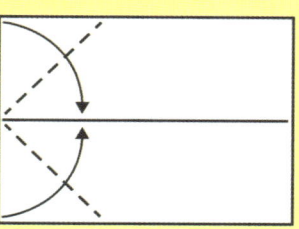

3. 양쪽 모서리를 다시 한 번 접어요.

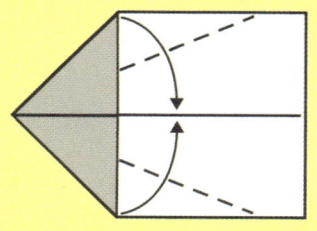

4. 앞쪽을 접어요.

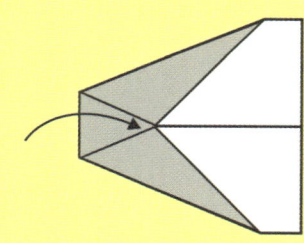

5. 접었던 부분이 밖으로 나오도록 비행기를 반으로 접어요.

6. 그림과 같이 날개 양쪽 끝을 접어요.

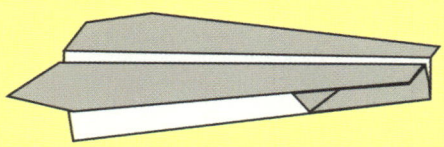

종이비행기를 만들어 비행했으면 여기에 스티커를 붙이세요.

종이비행기를 날리기에 적당한 복도나 야외 공간에서 비행기를 앞으로 날려요. 종이비행기를 약간 위쪽으로 날리면 잘 날아가요.

스티커는 이곳에

임무 완수

여객기 조종사

착륙해 볼까요?

조종사는 여객기를 최대한 부드럽게 착륙시켜야 해요. 수백 명의 승객이 타고 있는데 '쾅' 하고 착륙하면 모두 깜짝 놀라겠죠? 여객기 착륙 방법을 익히고 연습하면 여객기를 안전하게 착륙시킬 수 있어요.

1. 먼저 랜딩 기어를 내려요. 기어 핸들을 내리면 여객기 바닥에 숨어 있던 랜딩 기어가 내려가고, 조종석에는 랜딩 기어가 잘 내려갔음을 알리는 초록색 불이 켜져요.

착륙에 필요한 랜딩 기어

2. 착륙의 마지막 단계에서 여객기는 앞바퀴보다 뒷바퀴가 먼저 활주로에 닿아야 해요. 뒷바퀴가 훨씬 더 튼튼하거든요. 따라서 조종사는 착륙 직전에 조종간을 살짝 당겨 여객기 앞을 들어야 해요. 이렇게 하면 여객기가 내릴 때 생기는 충격도 줄일 수 있어요.

3. 여객기를 안전하게 착륙시키는 즉시, 엔진의 역추력 장치를 써요. 역추력 장치는 엔진의 추력을 뒤쪽이 아닌 앞쪽으로 작용하도록 고안된 특수 장치로 여객기 속도를 빨리 줄일 수 있어요. 조금 시끄럽지만요.

4. 승객이 내릴 수 있는 곳에 도착하면 브레이크를 밟아 여객기를 완전히 멈추게 해요. 여객기가 움직이지 않게 고정시키고 엔진을 끄면 착륙 완료! 이제 지상 요원이 승객을 안전하게 내릴 수 있도록 준비해요. 준비가 끝나면 승무원이 여객기 문을 열어요.

누가 더 착륙을 잘할까요?
게임을 통해서 착륙 기술을 연습해요.

준비물: 가로 10cm 세로 4cm 넓이의 두꺼운 종이, 연필, 가위, 접착테이프, 분필, 줄자

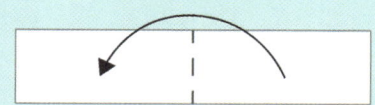

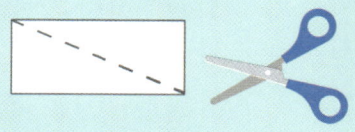

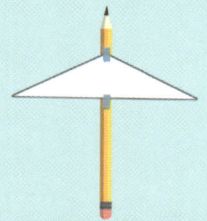

1. 두꺼운 종이를 반으로 접어요.

2. 접은 두꺼운 종이를 대각선 방향으로 잘라요.

3. 두꺼운 종이를 펼치면 여객기 날개 모양이 되어요. 연필 위에 두꺼운 종이를 붙이면 여객기가 완성되어요.

4. 분필과 줄자를 이용해서 놀이터나 공터에 활주로를 그려요. 가로 30cm 세로 1m 정도가 적당해요. 그림과 같이 1m를 25cm 너비 네 칸으로 나누어요. 마지막으로 활주로 가운데에 중앙선을 그려요.

이제 착륙 준비가 끝났어요. 차례를 정해서 한 사람씩 출발선에 서서 비행기를 착륙시켜요. 친구는 비행기가 어디에 착륙했는지 보고 점수를 적어요. 멀리 던지는 것도 중요하지만 활주로 중앙선에 착륙하는 것이 더 중요해요.

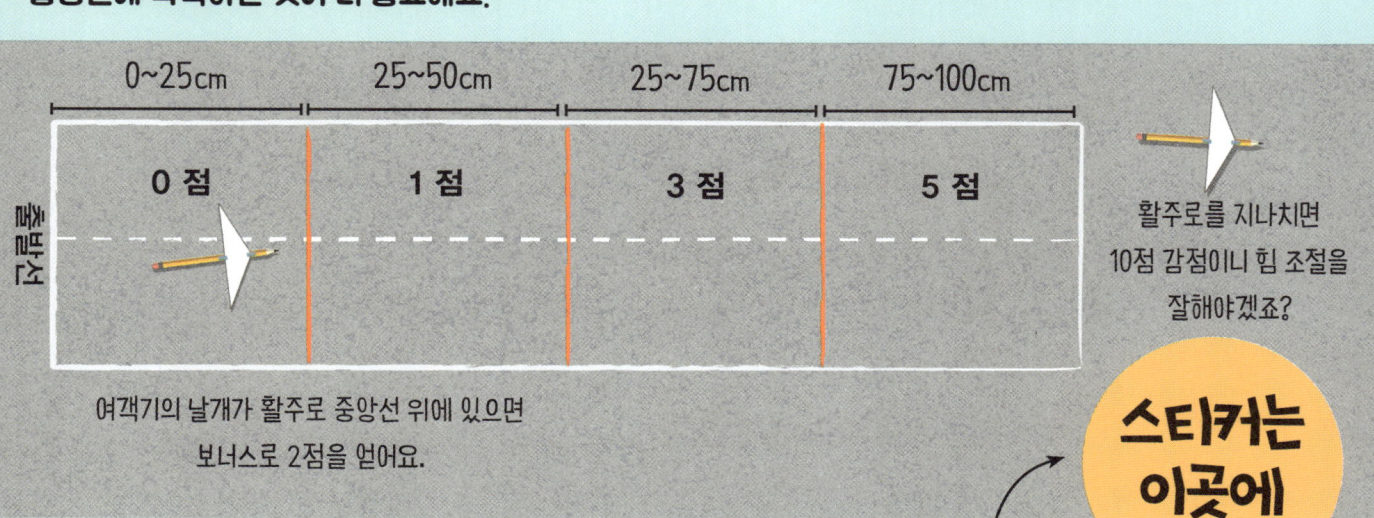

여객기의 날개가 활주로 중앙선 위에 있으면 보너스로 2점을 얻어요.

활주로를 지나치면 10점 감점이니 힘 조절을 잘해야겠죠?

여객기를 만들어 착륙 게임을 마쳤으면 여기에 스티커를 붙이세요.

스티커는 이곳에

임무 완수

여객기 조종사

착륙 후에는 어떻게?

착륙 후의 여객기는 자동차 운전하고 비슷하게 조종해요. 이것을 지상 활주라고 하지요. 지상 활주를 마치고 여객기를 정지시킬 때가 되면 '마샬러'라고 하는 항공기 유도사를 만나요. 마샬러의 수신호를 따라 이동해야 원하는 곳에 정확하게 여객기를 세울 수 있어요. 여객기가 너무 커서 아래가 잘 보이지 않거든요. **마샬러**는 여객기 정면에서 신호를 보내요. 안전을 위해 눈에 잘 띄는 형광색 옷을 입고 빨간색 봉을 들고 조종사에게 **신호**를 보내지요.

마샬러 신호를 배워요

마샬러가 조종사에게 보내는 중요한 수신호에 대하여 알아보아요.
수신호를 잘 익힌 다음 친구와 함께 수신호 퀴즈 게임을 해 보세요.

준비물: 봉 2개, 친구

앞으로 오세요.

똑바로 오세요.

왼쪽으로 오세요.

오른쪽으로 오세요.

엔진을 켜세요.

속도를 줄이세요.

멈추세요.

마샬러 신호를 모두 익혔으면 여기에 스티커를 붙이세요.

스티커는 이곳에

임무 완수

여객기 조종사

부기장과 함께해요

여객기는 보통 두 명의 조종사가 함께 비행해요. 한 명은 기장이고요, 다른 한 명은 부기장이라고 해요. 실제로 비행은 기장과 부기장이 순서를 정해서 한 사람씩 해요. 다른 조종사는 안전하게 비행하도록 도와줘요. 하지만 모든 책임은 기장에게 있어요. 조종사들은 아주 바쁘게 비행하지만 팀을 이루어서 일을 하기 때문에 문제없어요. 서로 도와서 비행을 하면 더 안전하고 효과적으로 비행할 수 있거든요. 하지만 누가 무슨 일을 할지는 미리 정해야 해요.

이륙 전 여객기 점검은 누가 하나요?
항법 장비 작동은 누가 하나요?
무선 통신은 누가 하나요?

이 외에도 조종사들은 많은 일을 해야 해요. 내가 할 일 뿐만 아니라 다른 조종사가 해야 할 일도 같이 확인해야 하지요. 그래야 한 사람이 실수하더라도 비행에 문제가 없을 테니까요.

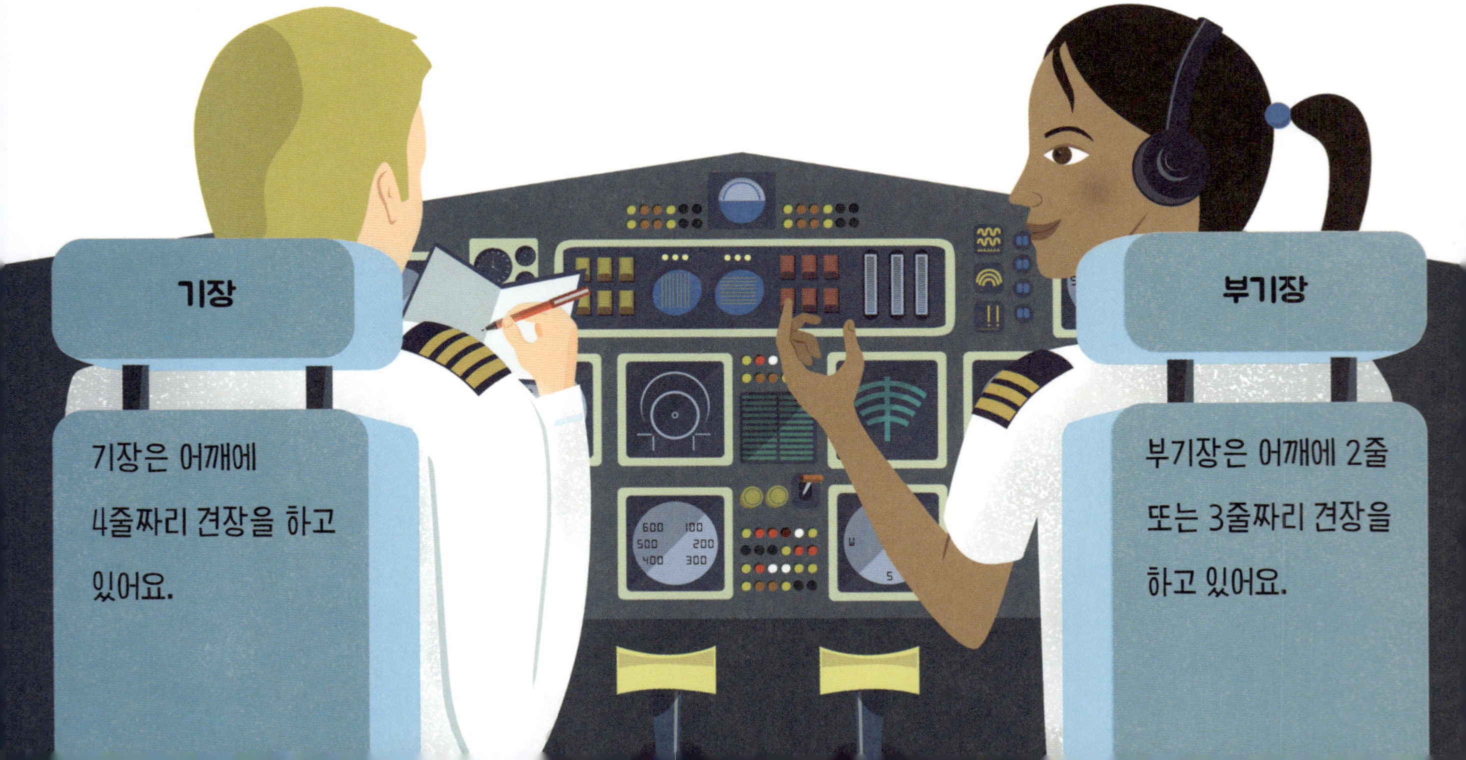

기장

기장은 어깨에 4줄짜리 견장을 하고 있어요.

부기장

부기장은 어깨에 2줄 또는 3줄짜리 견장을 하고 있어요.

협동심을 키워요

친구와 함께 도전하면서 협동심을 키워요. 친구와 대화하면서 힘을 합치면 더 쉬울 거예요.

준비물: 키가 비슷한 친구, 도우미

함께 일어나기

이번 도전 중에는 손을 바닥에 짚으면 안돼요.

1. 바닥에 친구와 등을 맞대고 앉아요. 이때 다리는 앞으로 쭉 뻗어요.
2. 그림처럼 팔짱을 끼고 동시에 일어나요.
3. 처음에는 둘이 힘을 합쳐 일어나요. 성공했으면 이번에는 한 사람씩 기장이 되어 지시를 해요.

발바닥 붙이고 구르기

서로 발바닥을 떼지 않고 옆 구르기로 이동해야 해요.

1. 도우미의 도움을 받아 출발선과 도착선을 만들어요.
2. 바닥에 일자로 엎드려서 서로 발바닥을 붙여요.
3. 이제 옆 구르기를 해서 도착선까지 가면 돼요. 잠깐! 두 사람의 발바닥이 계속 붙어 있도록 옆 구르기 속도를 맞춰야 해요.

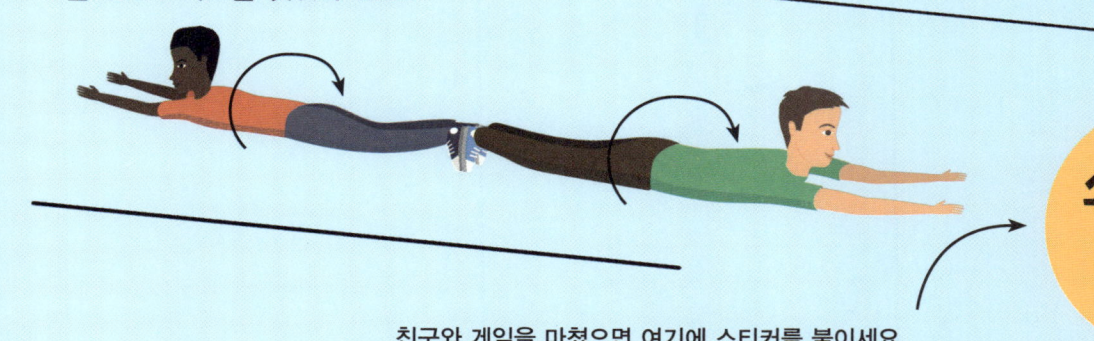

친구와 게임을 마쳤으면 여기에 스티커를 붙이세요.

스티커는 이곳에

임무 완수

여객기 조종사

누구와 함께 일할까요?

여객기를 안전하게 운항하기 위해서는 많은 전문가들의 노력이 필요해요. 조종사는 각각의 전문가들을 믿고 일하지요. 항공기 승무원과 지상 요원들이 어떻게 조종사를 돕는지 알아볼까요?

객실 승무원

- 승객들이 안전하고 **편안**하게 여행할 수 있도록 도와줘요.
- 승객들을 **반갑게** 맞이하고 음료 및 식사를 서비스해요. 그 외에도 승객들이 필요한 것이 있으면 도와주고요.
- 승객들에게 비상시 행동 요령을 알려 줘요.

관제사

- 공항에서 항공기의 이륙과 착륙을 지시해요.
- 비행 중인 조종사에게 날씨 정보를 알려 줘요.
- 레이더를 통해 항공기들이 안전한 간격을 유지해서 비행하는지 확인하고 필요한 지시를 해요.

급유 요원
- 주유차를 항공기 주변에 세우고 안전 절차에 따라 주유 호스를 항공기에 연결해요.
- 비행 계획서에 있는 연료량을 확인하고 항공기에 정확한 양의 연료를 넣어요.

기내식 서비스 팀
- 음식, 음료와 기내 서비스에 필요한 물품을 항공기에 실어요.
- 이전 비행에서 사용한 물품을 내리고 필요한 물품을 새로 싣는 일도 해요.

정비사
- 항공기를 구석구석 꼼꼼히 정비하고 안전하게 비행할 수 있는지 확인해요.
- 주기적으로 정비를 하고 고장 난 곳을 발견하면 바로 수리해요.

수하물 서비스 팀
- 승객들의 수하물을 터미널에서 항공기로 옮겨 실어요.
- 항공기의 화물칸에 수하물을 실을 때도 크기와 무게에 따라 안전하게 싣지요.

비행 정보

축하합니다! 여객기 조종사 훈련을 마쳤어요.

여객기 조종사 자격증

이름 : _____

위 사람에게 여객기 조종사 자격을 드립니다. 그동안의 노력에 감사드립니다.

이제 훌륭한 여객기 조종사가 될 수 있어요.

자격증 취득 날짜 : _____

조종사 아카데미 졸업장

조종사 아카데미의 훈련 과정을 모두 마쳤어요.
이제 훌륭한 **조종사**가 될 수 있어요.

지금부터 조종사 선서를 할 거예요.
다 읽고 난 다음에는 선서를 꼭 지키겠다는 의미로
선서문 아래에 서명하세요.

1. 꾸준한 운동과 집중력 훈련을 통하여 언제든 비행할 수 있는 상태를 유지하겠습니다.
2. 비행 기술을 갈고 닦아 최상의 상태로 유지하고, 관련된 공부도 열심히 하겠습니다.
3. 모든 비행 전에 준비를 철저히 하여 항공기, 승객 및 승무원 등의 안전을 책임지겠습니다.
4. 비행과 관련된 법과 규정을 지키며 절차에 따라 비행하겠습니다.
5. 기장으로서의 리더십을 발휘하고, 비상 상황에서도 당황하지 않고 항공기의 안전을 책임지겠습니다.
6. 모든 비행 관련 요원과 동료 조종사를 믿고 따르며 협조하겠습니다.

여러분의 얼굴을 그리거나 사진을 붙이세요.

서명 : _ _ _ _ _ _ _ _ _ _ _ _ _ _ _ _ _ _ _

부록

* 스티커
* 항공기 카드 게임
* 세계 여행 게임
* 비행기 포스터
* 입체 비행기 모형 만들기

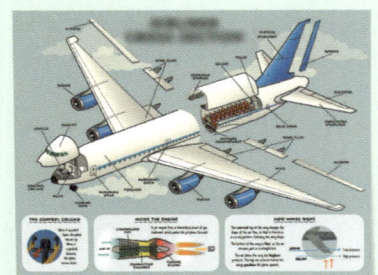

항공기 카드 게임 방법

* 두 사람 이상이 게임할 수 있어요.

카드를 잘 섞어요.
주사위를 던져 숫자가 많이 나온 친구부터 시작해요.
첫 번째 카드를 뽑고 속도, 크기, 힘 중 마음에 드는 것을
읽어요.(예: 크기=5)
오른쪽에 앉은 친구가 두 번째 카드를 뽑아서 앞 친구가
읽은 것과 같은 것(예: 크기=3)을 읽어요.
게임에 참가하는 모든 친구가 한 번씩 읽었으면 그중 가장 큰
숫자를 읽은 친구가 이기고 모든 카드를 가져가요.
같은 숫자가 나오면 바닥에 남겨 둬요.
승자가 없다면 지난번의 승자가, 승자가 있다면 이번 승자가
카드를 뽑아 게임할 항목을 정해서 읽고 게임을 계속해요.
모든 카드를 가져간 사람이 이겨요.

45쪽 정답

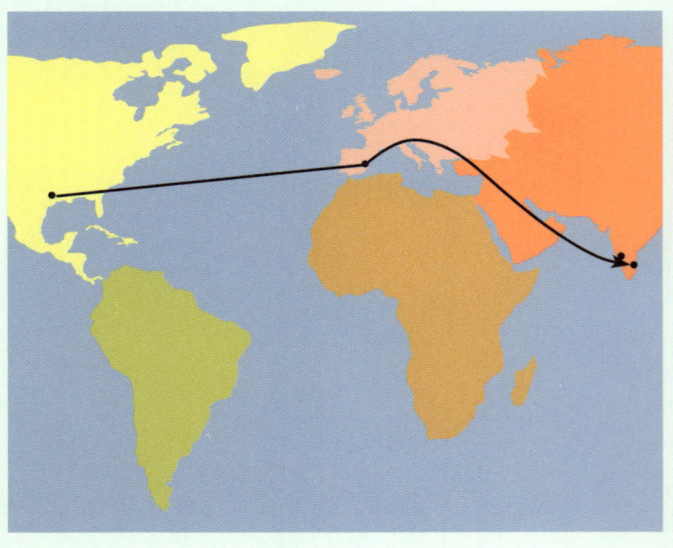

게임말

공항 표시

주사위

항공기 카드

에어쇼 항공기

속도	9
크기	7
힘	7

경찰 헬리콥터

속도	6
크기	4
힘	7

화물 수송 헬리콥터

속도	6
크기	8
힘	8

항공기 카드    항공기 카드    항공기 카드

초경량 비행 장치

속도	3
크기	3
힘	3

수상 비행기

속도	7
크기	5
힘	6

드론

속도	5
크기	1
힘	2

여객기

속도	8
크기	10
힘	9

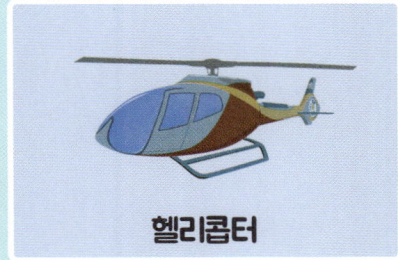
헬리콥터

속도	6
크기	4
힘	6

전용기

속도	9
크기	6
힘	6

전투기

속도	10
크기	7
힘	8

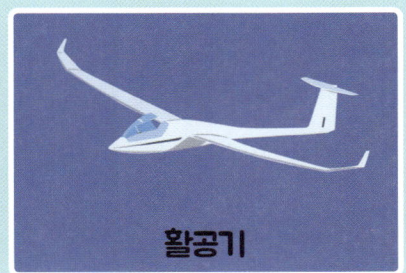
활공기

속도	5
크기	4
힘	1

구조 헬리콥터

속도	7
크기	8
힘	8